名师名校名校长

凝聚名师共识
回应名师关怀
打造名师品牌
培育名师群体

程明远题

让生涯规划
"活"起来

费贞元 著

西安出版社

图书在版编目（CIP）数据

让生涯规划"活"起来 / 费贞元著. — 西安：西
安出版社，2022.12
ISBN 978-7-5541-6600-0

Ⅰ.①让… Ⅱ.①费… Ⅲ.①高中生－职业选择
Ⅳ.①G635.5

中国版本图书馆CIP数据核字（2022）第246119号

让生涯规划"活"起来
RANG SHENGYA GUIHUA "HUO" QILAI

出版发行：	西安出版社
社　　址：	西安市曲江新区雁南五路 1868 号影视演艺大厦 11 层
电　　话：	（029）85264440
邮政编码：	710061
印　　刷：	北京政采印刷服务有限公司
开　　本：	787mm×1092mm　1 / 16
印　　张：	15.75
字　　数：	284千字
版　　次：	2022 年 12 月第 1 版
印　　次：	2023 年 4 月第 1 次
书　　号：	ISBN 978-7-5541-6600-0
定　　价：	58.00 元

△本书如有缺页、误装等印刷质量问题，请与当地销售商联系调换。

序言

什么是高中生涯规划教育

  高中生涯规划教育是当前普通高中育人模式变革中重要且紧迫的任务，如何基于教育改革要求和校本实际，将生涯规划教育全面落地，需要更多的一线教师以校为本地不断实践。要真正落实这个艰巨的任务，既要有校本层面的整体设计，又要有班本层面的具体实施。费贞元老师作为广东省班主任名师，经过六年的潜心探索，撰写了这本《让生涯规划"活"起来》，填补了班本定位视角下生涯规划教育课程的空白，这是一件可喜可贺的事！

  生涯规划教育是集多学科领域于一体、专业性较强的综合类教育。就目前的教育实践而言，急需有更多保障生涯规划教育质量的专业导师。从2017年开始，费老师依托班级学生的生涯规划教育实践，投入大量精力，逐渐形成了自己的内容体系和实施路径。这既是将生涯规划理论不断实践深化的行动研究过程，也是教师本人成长为"国际生涯规划师"的过程。经过反复打磨，结合自己的研究和实践，费老师提炼梳理出了一种极具个人特色，又具有推广价值的、新型的班级生涯规划教育活动课程。

  这本书的显著特色在于以下几方面。

  第一，有扎实的专业支撑和实践积淀。作者在教坛上奋斗了二十多年，担任班主任也长达十六年。长期的班级管理和引导工作，为他研究班级活动设计提供了非常好的思考和实践机会。为了探寻一条班级活动设计的创新之路，他主持了广东省教育厅的省级课题"基于OCEAN理论的高中心理特色班级活动课程设计的行动研究"。在此期间，他积极利用名班主任工作室这个平台研究引领工作，在他身边集结了近500名研修伙伴。他们一起坚持撰写公众号文章，承担本区域相关专题讲座，并多次走向全国进行研究分享。这一切成就是他扎根于班级实践研究的成果提炼，也是生涯规划教育活动课程成果的价值所在。

第二，是生涯规划教育班本活动课程的创新性突破。以班主任角色来承担生涯规划教育活动课程的设计，费老师有着天然的角色优势，其在专业系统的生涯规划理论学习基础上，将主题班会课、心理健康辅导活动课、学科课程渗透等课程形式进行有机融合，动态生成系列化的生涯规划教育活动课程。同时，积极发挥课程特色化、调适化、教育化的诸多功能，在以课程形态面向全体学生的同时，又能关照学生的个性差异，因人施教，给予学生个性化的辅导，实现生涯规划发展指导的立体化建构。

第三，具有实践指导意义，提供了可参照的"地图"，引领志同道合者自行探索创造。费老师课程设计的逻辑框架与鲜活的文字表述，给我们示范了如何个性化地创设生涯规划班本活动课程，为有意愿成为生涯规划导师的班主任们打开了新视野，从某种意义上鼓励更多的班主任不必拘泥于所谓的课程话语体系，而以课程作为和学生生命进行对话的方式，产生自我生动的情感表达，以生命影响生命，这才是生涯规划导师的终极境界追求。

可以这样说，广大班主任若将此书作为生涯规划教育课程设计的参考书，是肯定能够帮助你在学校生涯规划教育的整体安排下，实现属于你自己的个性化成果创造。当你以自己的实践挑战、丰富、发展、更新教育理论时，当你对自身发展状态，乃至专业境界保持自觉时，你就一定能体会到以工作实践为研究与创造的美，也自然会以促进学生的发展与成长为乐。

我与费老师相识虽然仅六年，但一见如故，这也缘于我们同是东北师范大学的校友。一南一北的教育人，因共同的专业追求而彼此相惜。其身上有一种儒雅的君子之风，他和风细雨的育人风格，伴有赤子情怀，不断以其个人魅力影响着他周围的人，既助力教师，又赋能学生。我相信，他作为长跑健将，一定会在这条专业求索的道路上继续奔跑，未来会跑得更远！

今天，受费老师之邀，写下以上文字，我带着恳切的心情，将这本《让生涯规划"活"起来》负责任地推荐给广大教育同仁。

王慧婷

2022年11月于黑龙江教师发展学院

为每一个积极跋涉的生命喝彩

对个体生命成长的重视是教育的核心，对个人终身发展的关注是生涯教育的核心。生涯教育思想在中国自古就有，但因为缺乏明确的概念和系统的内容体系而被忽视。相反，西方国家在20世纪50年代就明确提出了生涯教育的思想并建立了系统的体系。因此在当前中国，生涯教育总是被质疑是西方的舶来品，总是被希望将其本土化。事实上，在中国实施生涯教育并不是一个纯粹西方思想本土化的过程，而是一个中国生涯教育思想传承和创新的过程。在这个过程中，广大的中小学一线教师起着非常重要的作用。本书的作者费贞元老师就是其中的一员。

与费贞元老师相识是久闻其名、后见其人。几年前，我已经陆续在一些杂志和公众号平台上读到他关于生涯规划设计的一些文章和方案。后来，我作为课题评审专家来到其所在学校，才真正见到了他本人。初次见面，费老师谦虚上进、在实践中积极研究和探索的精神就给我留下了很深的印象。听闻他正在撰写一本将生涯规划和班会课结合的书籍，我当即鼓励他坚持写下去，为生涯教育领域贡献更多的成果。时隔两年，今天终于欣喜地看到了这部书稿。

本书内容主要分为六个章节，分别是生涯启蒙、认识自我、认识环境、学会抉择、计划与调整、迈向成功。整体结构清晰，也符合生涯教育的知识逻辑。

本书的亮点有几个方面，首先是书中的系列活动设计，这是最为重要，也最为出彩的地方。这些活动方案易于被大家学习、模仿和操作。设计者设身处地地站在一线教师的视角，将抽象的生涯规划知识转变为生动易懂的小游戏、小探讨，极大地方便其他教师的使用。设计这些原创性的活动不但需要有多年活动设计研究的经验，还需要有极具想象的创新能力。

其次，每个活动方案之后所附的"生涯知识"或"生涯人物""生涯故事"，也是本书重要的设计之一。只要仔细阅读它们，就可以更深刻地理解本活动设计中所蕴含的知识。

　　从某种意义上说，"生涯知识"是帮助大家了解相关的知识，而"生涯人物"则是帮助大家深刻理解方案中的具体活动和生涯思想。当然，将这些生涯人物作为引导学生积极进行自我生涯发展的榜样，也是完全没问题的。

　　最后，每一章"引导语"和"本章小结"，也同样简明、深刻而精彩。有了这些"导语"和"小结"的阐述，使整本书在内容上逻辑更加严密，结构更加清晰。当然，本书语言简洁生动，也体现了费老师极强的专业素养。

　　费老师这本《让生涯规划"活"起来》是生涯教育大花园中一朵美丽的小花，为生涯教育领域增加了一抹艳丽的色彩，但是"一花独放不是春，百花齐放春满园"，我们期待费老师以及更多的同行创造更多的成果，让我们共同推动中国生涯教育的创新发展。

　　　　　　　　　　　　　　　　　　　　　　　　　　宋春燕
　　　　　　　　　　　　　　　　　　2022年11月于华南师范大学心理学院

请这样成长

应费老师之邀，让我为他的处女作《让生涯规划"活"起来》写点文字。我欣然接受了这个邀请，等细读全文之后，顿时感觉到压力山大，更有力不从心之虞。

初识费老师，应该是在一次网络线上分享会上。那是好多年前，记得费老师当时聊的话题就是生涯规划。显然在那个时候，生涯规划还是一个比较前卫的话题，好多人都还没有这个意识，也包括我在内。对于一个喜欢在鸡蛋里面挑骨头的人来说，那天我是开足马力狠狠地批评了费老师一次。不过自己一阵快意以后，很快就感觉有点后悔。为什么话要说这么重，为什么不给自己留点余地呢？特别是后来阅读到相关书籍以后，深感自己的孤陋寡闻。也就从那个时候起，我始终怀着这一份歉意，期待着与费老师的见面。我深信，因生涯规划议题结缘，有缘人终会相见。

羊城广州，既是改革开放的前沿，也是教育改革的热土。当然，这里面有许许多多和费老师一样的人。后来有机会应邀去广州上班会课，且不说班会课的效果如何，让人感到兴奋的是与费老师的相见。一个长相与岁数有点反差的汉子，倒是颠覆了我对广东人的看法。后来一问，方知他的老家是陕西的，难怪如此粗放，那是用黄澄澄的小米滋养大的，骨子里透露出一份执着。话题自然而然还是回到了生涯规划上，这一次，我不再多说话，而是认真地听、仔细地听，并不时提出自己的看法，越到最后越有相见恨晚之感。因生涯规划有了共同话题，彼此之间才有更多的交集。

后来，费老师又在我们的群里做过多次分享，每一次都是和生涯规划有关，而且渐渐有了深度、有了广度。费老师的每一次分享都让人感觉意犹未尽，回味无穷，更令人钦佩的是，费老师以生涯规划设计为实践和研究的课题一下就拨云见日了，使原先所有的努力都找到了源头。为什么、是什么、怎么做，运用哲学的思维为生涯规划找到了方法和路径。多次分享以后，有人劝费老师，是不是可以整理成一本书呢？也许这就是别人的随口一说，却被费老师理解成一种期许，更因此增加了无穷的动力。因生涯规划课题，每个人都能从中获得更多感悟。

这一份书稿（电子版），我是不是第一个读者？我没有去问。虽然没有墨香，但是我仍然读得津津有味。因为我懂得，这是费老师这么多年潜心研究的成果，是他这么多年专注于一点结出的硕果。我无法去评价这个成果的价值，这是专家的事情。但我想说的是：一个普通的教师也能做成大事，十年磨一剑，这应该是对其再恰当不过的评价。

这部书，不仅是一部书，更是一个人成长的印记。读这本书，你不但可以看到费老师的研究痕迹，而且可以感受到专业成长的规划指南。因此，这本书既专业，又有很多有趣的资料，特别是其中的励志部分，可以当故事读，也可以分享给别人，利己利人！

最后，我想说说自己的生涯规划。记得当初我只想跳出农门，根本没有想到这个专业是否对口，是否有利于自身发展，便一头扎进教师的队伍，虽然最后也是十分喜欢，但是偶尔也会觉得有点儿别扭。现在的学生是幸运的，在他们最需要帮助的时候，或者说即将需要有人指点的时候，有这样一个主题教育活动，这是多么幸福的事情。

在当前这个时代，竞争已经如此严重，千万不能再"上错花轿嫁错郎"了，那可不是一失足成千古恨的事情，很有可能就是自己的人生会因此翻转。所以做费老师的学生是幸福的。当然，还有同样年轻的教师们，他们在新入职的教育岗位上，时时会感到束手无策。此时，如果你拥有这本书，至少可以不再迷茫，既可以参考，也可以借鉴，甚至可以在借鉴的基础之上进行自我创新。这样既能惠泽学生，又能成长自己。以一本书的阅读，带动一个教师的积极成长，推动一个班级做生涯规划的研究；以一本书的阅读，带动一批教师都来做生涯规划研究，岂不就是"百花齐放春满园"了。

费老师的研究，低调而务实，这正如他的为人。写到这，突然想起那句词来："俏也不争春，只把春来报。待到山花烂漫时，她在丛中笑。"我想，在教育的春天里，笑起来的不只是费老师一个人，有你，有我，有他，还有学生和家长。

卜恩年

2022年11月19日 于扬州

目录

第三章　认识环境

第四章　学会抉择

第五章　计划与调整

绪论

生涯规划教师核心素养初探

在新高考时代全面来临的背景下，学生生涯规划被提到了前所未有的高度。帮助高中生理解生涯规划知识、掌握生涯规划方法、具备生涯规划能力是我们必须要完成的任务。

要完成这一教育任务，作为一名生涯规划教师，我们该掌握哪些知识，具备哪些能力，如何做好自己在生涯规划教师岗位上的长期规划，这都需要我们思考和学习。本章将就这个主题分享我们的一点浅见，与各位老师探讨。

一、生涯规划教师的任务及要求

（1）结合专业知识和相关资源，给予学生学业设计及职业发展方面的专业咨询、辅导、判断、建议。

（2）考虑学生在学习和生活中各种角色的相互影响及平衡，辅导学生增强自身与生涯角色间的适应性，帮助学生提升幸福度。

（3）通过生涯规划课程，使学生核心素养落地，引导学生找到生涯目标，并产生持久的成长动力。

二、生涯规划教师的工作内容

（1）通过榜样示范、成长故事以及生涯规划相关知识，引导学生唤醒生涯觉醒。

（2）帮助学生通过了解自身性格、发现自我兴趣，进而结合自我特质，规划个性化的生涯发展进程。

（3）通过认识专业、认识职业和各种形式的社会实践，引导学生认识和了解职业世界和社会。

（4）通过具体的理论讲授、方法训练，帮助学生掌握实现人生规划的具体方法。

三、生涯规划教师的核心素养

（一）知识素养

1. 心理学知识

生涯规划脱胎于心理学，其本身也是心理学的一个分支。作为一名生涯规划教师，必须具备相关的心理学知识。

比如，舒伯的"生涯发展理论"，将生涯发展阶段分为成长、试探、决定、保持与衰退五个阶段，这个理论正是在发展心理学的基础上发展而成的。在个人生涯规划与人格类型之间存在着一定的相关性，我们只有掌握了人格心理学的相关知识，才有能力帮助学生通过各种方法了解自己的人格类型，进而更好地结合自身的人格类型进行恰当的生涯选择与规划。

再如，马斯洛的需求层次理论、帕森斯的特质因素理论、加德纳的多元智能理论等心理学理论，都是生涯规划教师对学生进行生涯规划教育的必备心理学知识。

2. 各种测评工具的使用

各种测评工具是帮助学生更好地认识自我的重要手段。常用的测量工具有施恩职业锚测评量表（职业价值观方面）、MBTI 职业性格测试（职业性格方面）、霍兰德职业兴趣测试（职业兴趣方面）等。

对于每位生涯规划教师而言，掌握并能科学解读以上常见的各种测评工具，是其引导学生更好地认识自我的基本功。

3. 职业相关理论及知识

生涯规划的核心主题是"职业生涯规划"，对于职业的相关理论、知识的学习和掌握，是引导学生做好生涯规划的必备内容。

从本质上讲，"职业"是一门需要我们认识和理解的学问。在生涯规划教育过程中，生涯规划教师如何与社会接轨，更深入地了解企业等机构的运作机制和管理方法，是其自我能力和眼界提升的关键。生涯规划包括职业心理结构理论、职业发展理论、职业决策理论等，只有对这些理论有清晰明确的认识，生涯规划教师才能给学生更好地指导。

4. 学业规划相关知识

在新高考的大背景下，不同学科搭配对应着高校不同的专业领域。大学专业数百种，如何讲清楚中学学业、大学专业与未来毕业后就业之间的关系，是我们生涯规划教师的必修课。只有这样，才能指导学生合理选课，进而科学地规划自己未来的人生方向，这也是中学阶段对学生进行生涯规划教育最重要的目的之一。

学职群分为理科——专业之用、文科——素养之用和艺体——需求之用三大类。掌握这部分知识，引导学生根据自己的兴趣、能力和优势学科，先选择目标学职群，再在学职群中进一步选择想要学习的专业。这样，就可以给学生一个较为清晰、科学的生涯辅导。

（二）能力素养

1. 学习能力

在我国，生涯规划课程是一门新兴课程，正处于蓬勃发展中。这意味着我们要保持一颗好奇心，在积极学习前人知识的同时，还必须不断关注本学科新的研究成果与动向，并将其运用于教学实践，如此一来，才能更好地帮助学生提升生涯规划能力。

除了积极了解和学习新的研究成果之外，作为一名从事生涯规划教学的教师，我们本身也是一个生涯规划的研究者和实践者。是否积极思考、及时归纳，也是判断一位生涯规划教师优秀与否的标准。

2. 策划活动能力

为更好地落实生涯规划课程教学，结合本学科特点，突出强调实践环节，引导学生在体验社会生活及自身的思维活动中理解生涯规划的真谛。在实践的过程中，引导学生逐渐将生涯规划变成自觉行动，是我们教学最理想的形式。但要达到这种效果，就要求我们必须具备策划和组织活动的能力。从某种意义上说，我们的每节生涯规划课几乎就是一节"小型生涯团辅活动"。没有一定的活动组织和策划能力，我们怎么能更好地开展生涯规划教学？

在一节节的"小型生涯团辅活动"中，通过强化以学生发展为中心的活动设计，注重创设情境，开展综合性体验活动，引导学生多维度观察、多途径探究，从而最终深化学生对于生涯规划的理解。

3. 创新设计能力

要想上好生涯规划课，我们在学习借鉴前人成熟的理论和活动设计的基础上，必须研究和设计符合我们学生实际的活动方案。

这就要求我们生涯规划课教师必须创造性地将学科教学和学生生涯规划课教学积极融合。例如，有教师引入西方"一人一故事剧场"形式，创造性地提出"以戏剧探求生涯之路"的生涯规划教育形式，新颖生动，效果突出，通过尖锐的戏剧矛盾冲突，很好地引导学生对于生涯规划进行深度理解。又如，生涯系列卡片等创新性教育形式的使用，也推进了生涯规划教育的进程。这些都是生涯规划教师创新设计能力的体现。

4. 资源整合能力

作为一名教授生涯规划的教师，我们所面对的知识不仅包含哲学、心理学、教育学等学科，还涉及管理学和社会学的相关知识，知识领域非常宽广。鉴于此，如何将以上各种知识整合到生涯规划教学中，就成为上好生涯规划课的一种基本能力。

另外，资源整合能力还体现在我们如何整合各种社会资源使之成为生涯规划教学的有机构成部分，这也是上好生涯规划课的重要途径。当前，常见形式有"家长大讲堂""企业家进课堂""学长讲规划""学生职业体验"等。

我国香港采用了"360℃生涯教育和干预"形式，其理念是"学生在不同场所生活，生涯教育和干预要在这些场所中发生"。在学校，教师提供生涯指导；在家庭，引导家长支持和理解学生；在职场，职业导师为学生提供更多接触职场的机会和真实体验；在社区，社工为学生提供参与校外服务的机会。这些活动的展开，均需要我们生涯规划教师的组织和协调。

美国在学生中学阶段就建立了强大、成熟、完善的升学顾问系统，我们的学生也需要学业顾问与职业顾问，目前最现实的做法就是学校教师，尤其是生涯规划教师承担这一角色。

5. 多学科融合能力

为了打破生涯规划片面地"知识化""割裂化"的弊端，避免将生涯规划教育变成"中小学心理健康教师"的"生涯教育"，我们必须将各学科教学和生涯规划课教学积极融合，让学生明显感受到生涯规划教育实际上隐含在我们所有的学科中。当我们努力营造一种"大生涯"的教育氛围时，相信一定可以达到"无书不生涯、无课不生涯、无时不生涯、无处不生涯"的教育效果。

其实，将生涯规划与其他学科知识有机融合，早已在部分国家普遍开展，也达到了很好的教育效果。笔者曾进行过语文学科教学和生涯规划课教学融合的尝试。下面简要列举几例，供大家参考。

粤教版高一语文必修1教材第一单元的主题"认识自我"，所选课文共三篇，分别是《我很重要》《北大是我美丽羞涩的梦》和《我的故事及我背后的中国梦（节选）》。第二单元的主题"传记"，所选课文共五篇《"布衣总统"孙中山（节选）》《华罗庚》《罗曼·罗兰（节选）》《留取丹心照汗青——文天祥千秋祭》和《我的回顾》。

从以上课文编排的主题及篇目可知，其实教材的编写者已经在各个学科中有意无意地渗透了"生涯规划教育"的内容，这样的编排为一线教师开展学科融合提供了良好的条件。当然，由于编著者缺乏更明确的学科教学和生涯规划课教学融合意识，所以在编写各学科教材时，还没有系统地将"生涯规划教育"与其他学科知识更好地融合，这也是我国目前紧迫需要解决的问题。

对于第一单元的教学，可以在《我很重要》《北大是我美丽羞涩的梦》中引入生涯规划的"自我探索"知识，在《我的故事及我背后的中国梦（节选）》教中引入对职业发展的社会环境与当今组织环境、职业格局的认识。第二单元主题是"传记"，我们可以学习借鉴名人生涯规划，制订自己的生涯规划。

6. 沟通能力

生涯规划教育是做"在不断成长中的人"的工作。我们所面对的"人"，都处于人格和思想正在不断完善的过程中。也正是因为这个原因，他们就难免会出现一些不正确的认识和做法。这就要求生涯规划教师对于学生所犯的错误，有足够的宽容和耐心，并通过师生间积极、不懈的努力，帮助他们寻找真正的自我，科学地规划自己的人生。

作为生涯规划的教师，怎么讲学生才能听懂；怎么教学生才能真正掌握，这些都与我们的有效沟通能力密切相关。而且，只有我们站在学生的角度、运用科学的沟通技巧去和他们不断沟通，才有可能走进学生的内心。

只有真正有效的沟通，方能给予学生更好地引导和帮助，进而以教师积极的人生态度和人格魅力影响学生，促使其建立积极的生涯规划意识，用心学习生涯规划的理论和方法，最终能学以致用，科学地规划属于他们自己的精彩人生。

四、生涯规划教师个人发展的三个阶段

一般而言，专业能力的发展会经历一个逐步提升的过程。我们对此进行了初步思考。

生涯规划教师专业能力发展表

阶段	阶段一	阶段二	阶段三
层次	教书	育人	
追求	不出错	要出彩	干惊天动地的事，做隐姓埋名的人
自我定位	经师	人师	生涯导师
对学生的态度与看法	完成教学任务的对象	鼓励学生多思考、多提问，把学生作为研究对象，把学生的问题视为研究课题	平等对待学生，视学生为老师；认同好老师是学生教出来的；认为自己首先是学生，永远是学习者；与学生是同学、同行、同志

（续表）

与学生的关系	明确严格的师生关系	平等相待的朋友关系	共创未来的战友关系
英文	Job 谋生手段	Career 职业	Calling 天职
状态	我不得不教	我想教	我们一起学习成长
表现	平凡	优秀	卓越
王国维《人间词话》状态	昨夜西风凋碧树，独上高楼，望尽天涯路	衣带渐宽终不悔，为伊消得人憔悴	众里寻他千百度。蓦然回首，那人却在，灯火阑珊处
马斯洛心理需求层次	生理与安全需要	爱、归属、自我实现	心流（福流）、高峰体验、超越自我实现、天人合一
举例	总觉得世界不公平，自己干得多拿得少，患得患失	奥斯卡大奖获奖者的欣喜若狂	诺贝尔奖获奖者的平淡反应（萨特、居里夫人等）

教师乃教育之本。好的生涯规划教育，归根结底源于优秀的生涯规划教师。在对学生进行生涯教育时，本着"为学生终生发展奠基"的态度，我们相信这样的生涯教育不仅仅教给了学生具体的知识和方法，更是以生命影响生命。

［以上部分发表于《生涯规划》（教师版），有删改］

五、如何设计一节生涯规划活动课

随着国家招考改革的不断推进，在"3+3""3+1+2"等选课走班制度的倒推下，生涯规划教育日益成为高中教育教学的一个热点问题。作为一线教师与教育管理者，本身对于"生涯规划知识和原理"都还未充分了解，在此前提下还被要求设计具体的生涯规划教育课程，难度可想而知。

笔者已经在教坛上奋斗了近二十年，担任班主任工作也有十多年了。长期的班级管理和引导工作为笔者研究班级活动设计提供了非常好的思考和实践机会，而且为了探寻一条班级活动设计的基本思路，笔者从 2017 年起，将班级活动设计作为一项广东省教育厅的省级课题进行了研究。

六年的课题研究，笔者在经过了大量理论学习和行动研究的基础上，提炼梳理出了一种极具个人特色，又具有推广价值的新型班级活动设计框架。

结合中学学生身心发展实际，为了更好地引导学生理解生涯规划的知识和理论，笔者从 2018 年起便开始大量阅读关于生涯规划知识和理论的专业书籍。2020 年 6 月，笔者更是自费报名参加了国际生涯发展协会组织的"国际生涯规划师"认证培训。经过专业系统的理论和实践学习，以该次培训第一名的好成绩顺利获得了国际生涯发展协会组织的"国际生涯规划师"专业认证。

下面，笔者将就如何更好地设计一节生涯规划活动课展开阐述，希望能给广大教师设计生涯规划教育课程带来一点启发。

（一）生涯规划活动课程的内容与形式

从下图可以发现，生涯规划活动课程在内容确定和形式要求上，除了更集中于生涯规划知识和理论外，与其他的班级活动课程并无很大差异。这点也说明了，相关教师也可以将本书所提炼和梳理的设计原则迁移到其他班级主题活动的设计中。

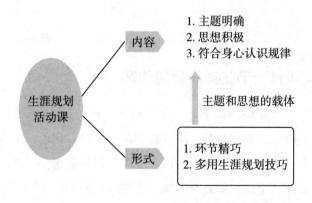

（二）生涯规划活动课设计原则

1. 导入形式生动多样

举例一：抓手指。

（1）规则。

① 所有的同学围成一个圈，每个人都将自己右手的食指放在右侧，左手放在相邻同学的食指上。

② 当听到我讲到"水"字时，每个人用左手去抓相邻同学的右手食指，自己的左手则要迅速逃开。

（2）注意事项。

抓同学手指时，只要抓住就可以，不可太过于用力，以免不慎抓伤。

阿水的故事

从前有座山，山下有一个小村庄，村子里有个小伙子，名字叫阿呆，他养了一条小狗叫阿水，阿呆每天早上都会提着两个大水桶，去村子的小河边抓鱼，抓鱼后会挑着两桶水回家。

阿呆每天心情都很愉快，回家路上，野花点点，青草幽幽，一派大自然美景，和谐的田园风光，他的那只小狗也在他身边溜来蹿去，"阿水乖，慢点跑，别捣乱。"，阿呆经常笑着说。

回家后，阿呆把水倒进水缸里，正好满满一缸，不多不少。然后开始给小狗喂食，"阿呆喂你吃骨头，要吃吗？骨头可好吃了。"，阿呆对着小狗说："阿水啊，要吃你就说啊，你不说我怎么知道你要吃呢？虽然你很有诚意地看着我，可是还是要说啊。"

看着小狗围着骨头急得直打转，阿呆就高兴地笑了，便把骨头丢给了可怜的阿水，阿水啃着骨头，阿呆也开始了一天的辛勤劳作。

狗是非常有灵性的，看见阿呆累了就给他衔去毛巾，让他擦汗，阿呆渴了，只要一招手，阿水就会摇头晃脑地给他衔去水壶。他们就这样快快乐乐地生活在这个风景如画的小山村里。

举例二：故事设疑。

故事1：住在田里的青蛙对住在路边的青蛙说："你这里太危险，搬来跟我住吧！"路边的青蛙说："我已经习惯了，懒得搬了。"

你会建议它搬，还是不搬呢？

故事2：有个年轻人，从小就有唱歌的天赋。长大后，他先选择了自己最喜欢的职业——教师。然而，学生经常捣乱，最终他被迫离开了学校。于是，他选择了另一个自己喜欢的职业——唱歌。

可是，七年过去了，他还是个无名小辈，甚至还不能养家糊口。他苦恼极了。偏偏在这个时候，他的声带上长了个小结。在一场音乐会上，他就好像脖子被掐住的男中音，在被满场的倒彩声中被轰下了台。失败让他再次产生了放弃的念头……

你会建议他放弃，还是坚持呢？

由以上两个故事，引出"生涯抉择"。

举例三：手指抬人。

（1）规则。

①邀请一位同学（志愿参与，体重越大，效果越好），平躺在由三张桌子拼起来的桌面。

②另找出15名同学围绕躺在桌面的四周，男女不限，但要注意如果抬人者是异性，要让其避免碰到被抬者的敏感位置。

③这15位同学每个人都将自己右手的食指放在躺在桌面的同学的身体下方。

④当听到教师倒数"3，2，1"，数到"1"时，所有抬人者要一起发力，

将躺在桌面的同学抬起来。

（2）注意事项。

一定要特别强调抬人的同学听口令同时发力，避免因未能同时发力而导致同学不慎扭伤。

特别强调：一切班级活动都需要以安全为第一标准，如果出现了任何安全事故，设计再好的班级活动也是失败的！

对于任何一节生涯规划活动课而言，导入部分主要的任务是调动同学参与课堂的热情，所以导入不能用时太长，以1~3分钟为宜。之所以强调"导入生动多样"是为了更好地调动学生参与的积极性，同时为之后的各个环节活动做好铺垫。

2. 主要活动环节多使用生涯规划小活动

在主要活动环节部分，建议多使用一些符合生涯规划原理的团辅方法。比如，针对中学生身心成长规律，首先要了解埃里克森的成长八阶段理论，这样才能明确处于中学阶段的学生最主要的身心成长任务是"自我同一性统一"，我们所设计的一切活动，都要围绕这一客观任务。

又如，生涯规划中常见的性格、兴趣和价值观测量表，如何通过活动引入这些量表，如何展开有效的测量，如何客观积极地解释测量后的数据。这些量表具有纯理性和客观性，如果直接让学生去测，有可能难以引发学生参与的热情，导致其随便应付，致使最终的测量数据不真实。而如果将这些量表融入一些生涯规划的情景化的小活动中，效果自然会更佳。

再如，生涯规划中的很多理论特别强调体验性，而活动则是引导学生进行体验最好的载体。例如，在自我生涯设计这个板块中，我们常常会使用"毕业十年后的同学聚会""我的八十岁宴会感言""生涯卡"等活动。通过这些情境性极强的活动，不但使学生体会到自我生涯设计的重要性，而且还可以增强其自我生涯设计的意识。

和纯理论性的知识讲解相比，生涯规划小活动独特的作用有以下几点。

（1）使学生放松心情，尽快投入班级活动中。

（2）情景化的活动有利于激发学生交流的热情。

（3）活动中所提出的问题易于引发学生自我和群体性的思考。

3. 活动设计方案中各环节之间应层次严密

一般而言，一节用时 40 分钟～45 分钟的生涯规划活动课，所有的活动环节大致可分为导入、活动 1、活动 2、升华、小结五个部分。

从原则上讲，这五个部分应该环环相扣，层层推进，而"升华"部分应该是本节课情感和领悟最饱满、最深入的地方。

那如何才能满足以上这些要求呢？请大家参考本书后面具体活动的方案设计。

4. 活动中"分享"是特别重要的组成部分

在具体的生涯规划活动中，特别强调同学之间互相交流和分享的重要意义。一般而言，同学之间具体的交流和分享是按照以下形式展开的。

将全班同学分成 6~8 人的小组，随机分组效果更好。之所以强调随机分组的好处，是为了避免因为小组固化而导致思维固化。

（1）交流和分享共分为以下两个阶段：①组内交流和分享阶段；②全班交流和分析阶段。

在组内交流和分享阶段，教师一定要走进学生，深度聆听和参与学生之间的交流和分享，以对学生的共同困惑及时进行引导，同时还可以从中发现本节课精彩的"生成点"。

（2）当组内交流分享结束后，教师应就学生所探讨问题的结果进行全班分享。

本环节教师常用的话术如下：

① 在大家为了你的问题而积极讨论时，你有什么感受？

② 你能说说刚才小组所探讨出的具体方法，哪些对你最有帮助？

③ 你觉得今天这种方式对于你以后解决类似的问题会有什么启示？

在生涯规划活动中，之所以特别重视同学之间的交流和分享，关键在于以下几方面：

① 有利于促使班级形成"成长共同体"。

② 有利于引导学生更好地养成换位思考的习惯。

③ 更有利于实现"助学生自助"的思维习惯。

5. 生涯规划活动在结尾处特别重视升华的作用

对于任何一个班级活动来说，活动主题是否真正鲜明，活动是否有影响，升华部分的作用不可小觑。

试想一下，我们设计了一节课，四分之三的内容都充分而精彩，可是到了最后却草草收场，这不但错失了"画龙点睛"的机会，而且还不能有效引导学生对本节课所学的知识进行更进一步的思考和知行合一的实践，实在是太过可惜。之所以造成这种情况的原因有很多，但最突出的无外乎以下几种情况。

（1）对于升华部分的重要性认识不够，随意处理。

（2）由于升华部分在一节课内容的最后，因此教师对本节课的进度把握得不好而不得不草草收场。

（3）教师不知道如何升华，所以草草结束。

为了帮助大家更好地理解升华部分的价值和意义，笔者特列举几个例子来简单做个示范。

举例一：共唱励志歌曲。

在设计生涯规划"认识自我"活动中，我们通过前面的环节启发学生应更全面客观地认识自我之后，有些学生可能会陷入"因知而自卑"的一种消极情绪中，为了更好地引导和激励学生，我们可以励志歌曲《风雨人生路》来激励学生"不在乎得失和受过的伤/逆境中寻找梦想的翅膀/要相信自己会绽放光芒/尘世间经过了多少沧桑/人生的路上我用心去闯/总有一天我会找到希望"。

在"生涯抉择"环节，可以用励志歌曲《抉择》激励学生"收起往时梦抛开心惆怅/任那海和山 助我寻遍 天涯各处乡/闯一番新世界 挺身发奋图强/要将我根和苗 再种新土壤/就算受挫折 也当平常/发挥抉择力量 再起我新门墙"使学生勇敢面对抉择，为自己的抉择负责。

举例二：纸鹤送祝福。

在该活动准备阶段，发给每个同学一张大小适中的彩色卡纸，要求他们在纸上写一些鼓励的话语。此处需要特别强调，因为最终是随机抽取的，所以不能写明具体给哪位同学。然后，鼓励全班同学互帮互助，使每个人都学会折纸鹤。在活动开始前，教师准备好一个纸箱（最好做一些装饰，使箱子美观且富于寓意），让每个同学将带有自己祝福的纸鹤放进纸箱。等到了活动的升华阶段，让每个同学从纸箱里取出一只纸鹤，接受同学的祝福和鼓励（如果恰好拿到自己的纸鹤，就放回去，再拿一只）。

这个小活动可以用在生涯规划的"生涯启蒙""生涯抉择"或者"直面自我"等板块的升华部分。

举例三：启发内化。

在生涯规划中，其实有很多方面需要学生结合自身实际将所学理论和技术加以运用。而要达到这样的效果，唯有走进学生内心，了解他们的需要，促使他们积极思考和运用所学来规划自己的精彩人生。

原则上讲，升华部分的作用是"画龙点睛"，所以此刻的点化语言必须要精炼，言简意赅，紧扣本节课的主题，直指问题本质。比如，在"认识自我"部分，当学生做完"霍兰德职业兴趣测试""MBTI职业性格测试"等测试后，我们就一定要在升华部分这样引导他们：①所有的测量结果为我们认识自我提供了一个非常重要的参考，但这并非是一个不会变化的"定论"。②结合测量结果，有意识地通过更多方面去探索自我。

在"生涯抉择"部分，当我们利用经典的抉择工具"生涯抉择平衡单"后，升华部分一般就应该鼓励学生：①方法并没错，但不能唯方法。——方法只是达成目的的工具而已。②手中有方法，心中有信念！——二者合一，方得大道。

在生涯规划活动中，之所以特别重视升华部分原因在于以下几方面。

（1）有利于突出本节课的主题。

（2）可以使本节课的内容和思想进一步深化和扩展。

（3）有利于启发学生养成学以致用的思维习惯。

6. 师生之间、生生之间平等投入的交流是成功的关键

笔者认为，一次成功的生涯规划活动，只有真正做到了师生之间、生生之间平等投入的交流，才可能启发并引导学生思考和践行自我生涯规划。换言之，只有先平等，交流才会畅通和深入，才能真正达到通过活动启发和引导学生进行积极地生涯规划的目的。

因此，笔者坚决反对"一言堂"的生涯规划活动课。因为从本质上讲，这种"一言堂"式的活动课程还是一种教师居高临下"不对等"的交流方式，它更多的是一种难以调动学生参与热情的单向知识传输，是一种缺乏师生双向思维碰撞的冰冷传授，是一种上对下的要求和约束。

那我们该如何才能在生涯规划活动中做到"平等而投入的交流和碰撞"呢？教师得转变自己的角色，将自己变成一位"导师"。这位"导师"是学生在交流和分享中产生困惑或分歧时的"点拨者"，是学生在交流中未能将思考引入深层的"引导者"，是学生积极情绪和深度思考发展的"升华者"。

其实以上这些道理并不难懂，但是如果教师不能抓住要害，恐怕也还是不能领会"导师"的真正意义。笔者认为，要真的将自己的角色转化为"导师"，最核心的思想是"学生视角"。只有当我们摆脱了师道尊严、你听我说的"一言堂"式的"教师视角"后，才能真正做到尊重学生的身心发展规律，以学生现有的认识为起点，真正尊重学生的个性，基于现实，以学生的发展为指向，积极地引导学生。这样的教师才不会有唯我独尊的傲气，才能真正俯下身子去想尽办法激发学生内在生长的力量，这也会使学生体会到何为真正的生涯发展！

7. 生涯规划活动的终极价值

将生涯规划的知识、理念和方法通过活动传授给学生，帮助学生树立生涯规划意识，传授给学生具体有效的生涯规划技巧和方法，是生涯规划活动课程最基本的功能。生涯规划活动课程的终极目标是实现培育和引导学生成为全面发展的人，即具有积极的生活态度，懂得学习，健康生活，具有积极的自我发展意识；懂得知行合一的真谛，肯积极承担自己的责任，会学以致用，在实践中努力创造性地工作，具有积极参与社会活动的意识；会努力开阔自己的胸怀，既有柔和弹性的人文情怀，又有客观理性的科学精神，是一个乐观开放、冷静理性、富于生活情调的人。

第一章 生涯启蒙

（2课时）

对于我们每个人而言，生涯规划并不是一个新概念。首先，因为不管是有意还是无意，你我都时刻在做自我生涯规划。当你满月时，你的父母长辈为你做的"抓周"仪式，本质上就是一次家人对你兴趣爱好的生涯测试，间接说明了生涯规划不只是你个人的选择，也会受到父母、亲人的影响。幼儿园、小学时，教师会问你诸如"你的理想是什么？""长大后想做什么？"的问题，这也是生涯启蒙和引导。初中、高中阶段，你以学习为主体而做的人生规划、职业规划、高考志愿填报等也是生涯规划。

虽然生涯规划伴随我们左右，但是往往因为缺乏系统性和建设性，导致很多时候它都变得模糊和不确定。特别是处于青春期的你，开始思考"我是谁""我为什么活着""我将来到底能做什么"之类的人生根本问题，常常陷入苦于无人理解的窘境。其实，以上问题，也是生涯规划的根本问题。

下面，我们将通过两个具有内在连续性的生涯规划活动试图对你进行引导，让我们一起开启生涯启蒙的神奇旅程吧！

第一节　穿越青春的迷雾

——见自己　见天地

命名说明："见自己"是本节课的核心词，本节课力图通过对学生进行自我人生规划的启蒙，并通过探讨清晰生涯规划所包含的基本内容，帮助学生树立开启自我生涯规划的积极意识。"见自己"是重点，"见天地"是"见自己"后自然生发的。

活动目标：

（1）引导学生积极参与探讨和交流，并能坦诚分享在活动中的各种体会。

（2）通过活动引导学生思考"见自己"的价值和意义。

（3）引导学生积极思考和探讨如何才能真正地"见自己"，并由此"见天地"。

活动地点：教室。

活动对象：高中一年级学生。

课前分组：随机分组（8组为宜，5~6人/组）。

背景音乐：

（1）热身音乐：《未来的进击》。

（2）提升音乐：《海阔天空》。

（3）总结音乐：《蜗牛》。

一、热身活动

播放：《未来的进击》。

导入语：我们从不同的路径来，却往同个方向前进，也许沿路会充满危机，乌云会遮挡了光明。没关系，我们有百分百的勇气和热情，转身后还会再继续。下过雨，会看见美丽天晴！

一首《未来的进击》，唱出了多少少年积极直面未来的热血和勇气。可是，对自我认识不足、对未来迷茫的我们，又该如何穿越青春的迷雾，看见潜力无限的自己，看见充满契机的天地呢？

下面，让我们一起通过五条毛毛虫的不同境遇，思考自己的人生规划吧！

二、你是哪条"毛毛虫"

第一条毛毛虫

第一条毛毛虫，爬呀爬呀，跋山涉水，来到一棵苹果树下。它并不知道这是一棵苹果树，也不知树上长满了红红的苹果。当它看到同伴们往上爬时，不知所以的它就跟随着大家往上爬。没有目的，不知终点，更不知生为何求、死为何所。

它最后的结局呢？

（1）幸运地找到了一只大苹果，幸福地过了一生。

（2）在树叶中迷了路，颠沛流离，一无所得，糊涂一生。

实践小活动：

（1）请对你身边的亲友进行访谈。

（2）访谈问题：

① 你对过往的人生是否做过生涯规划？

② 你认为生涯规划的意义在哪里？

【本环节设计目的】本访谈是在本节课开展前布置的。通过这两个简单的问题，让学生通过访谈了解自己身边人人生规划的实际情况，以及引导学生结合他人回答初步认识"何为生涯规划""生涯规划的重要意义是什么"。

引导语：通过同学们访谈的结果，我们会发现，其实在现实生活中，大部分的人都和这条毛毛虫非常相似，终日忙忙碌碌，不知道自己为何而忙，这

19

样的忙碌是否有意义。当然，也许你会看到还是会有人和"第一条毛毛虫"不一样，过不一样的人生。

第二条毛毛虫

经过了跋山涉水后，终于有一天，第二条毛毛虫也爬到了苹果树下。它知道这是一棵苹果树，也确定了他的"虫生目标"就是找到一个大苹果。可问题是：它并不知道大苹果长在什么地方？于是，它就猜想：既然大家都争着往大的树枝爬，大苹果应该就长在大的树枝上吧？于是，它慢慢地往上爬，遇到分枝的时候，它就选择较粗的树枝继续爬。

当然，在这个毛虫社会中，也存在考试制度。如果有许多虫同时选择同一个分枝，就要通过考试来决定谁才有资格通过大树枝。看到大家都激烈地争着爬向大的树枝，这条毛毛虫想当然地认为自己想要的大苹果一定就在大的树枝上。很幸运的是，这条毛毛虫一路过关斩将，每次都能选上"最好的树枝"，最后它从一枝名为"大学"的树枝上，找到了一只大苹果。

它最后的结局呢？

（1）它发现这就是它想要的那个大苹果，幸福地过了一生。

（2）它发现这并不是自己想要的那个大苹果，想要回头，却发现困难太多，于是在不满中浑浑噩噩度过一生。

探讨：这条毛毛虫失败的根本原因是什么？

【本环节设计目的】通过这条毛毛虫的故事引发学生思考，不了解自我而随大流选择的目标，很可能并不是自己真正想要的目标。

引导语：通过同学们的探讨，我们会发现，要想选择一个自己想要的人生方向，不仅仅要清楚了解外在环境的利弊，更要努力认识自己，这样才可能避免付出了巨大的努力，却得到了一个自己并不想要的结果。那么，如何避免重蹈"第二条毛毛虫"的覆辙呢？

第三条毛毛虫

第三条毛毛虫也来到了树下。这条毛毛虫相当难得，小小年纪，就已经有了明确的生涯规划意识，并凭借自己特殊的先天技能研制了一副望远镜。在还未开始爬时，就先用望远镜搜寻一番，找到了一只超大苹果。同时，它发觉当从下往上找路时，会遇到很多分枝，有各种不同的爬法；但若从上往下找路时，却只有一种爬法。

它很细心地从苹果的位置，由上往下反推至目前自己所处的位置，并记下这条路。于是，它开始往上爬，当遇到分枝时，他一点也不慌张，因为它知道该往哪条路走，不必和一大堆虫去挤破头。如果它的目标是一个名叫"教授"的苹果，那应该爬"升学"这条分枝；如果目标是一个叫"老板"的苹果，那应该爬"创业"这条分枝……

它最后结局的呢？

（1）因为它已具备了先觉的条件，并拥有了他人没有的特殊技能，所以顺利得到了最大的苹果，幸福地过了一生。

（2）因为毛毛虫的爬行速度相当缓慢，从预定苹果到抵达时，需要一段时间。当它抵达时，也许苹果已被别的虫捷足先登，也许苹果已熟透而烂掉了。

探讨：这条毛毛虫失败的根本原因是什么？

【本环节设计目的】通过这条毛毛虫的故事引发学生思考，虽然有了规划意识，也有了领先他人的技能，但仍可能失败。由此引发学生进一步思考，究竟怎样进行生涯规划才能让自己的人生更成功。

引导语：通过同学们探讨，我们会发现，当我们有了生涯规划意识，并具备了特殊的生存技能，仍有和自己的人生目标擦肩而过的可能。这说明，首先一个成功的生涯规划会受到很多因素的影响，其次我们究竟还要具备哪些素养才能为自己做一个更好的生涯规划呢？

第四条毛毛虫

第四条毛毛虫可不是一只普通的虫，它不仅知道自己要何种苹果，更了解未来的苹果将如何成长。因此，当它用自己的望远镜远望时，它的目标并不是一只大苹果，而是一芽含苞待放的苹果花。它根据自己和苹果花距离的远近，估算自己何时抵达这朵花正好长成一只成熟的大苹果；同时，通过望远镜观察这朵花周围的环境，看看有没有现在就要做好准备才能应对的困难以及其他竞争的毛毛虫。当这一切都掌握了之后，它开始边前进，边积极练习各种必备技能，以确保自己将是第一个钻入大苹果的虫。

它最后的结局呢？

果不其然，它虽然也会遇到了一些意料之外的困难，但因为它有充分的思想准备和行动准备，最终都被它克服了，它找到了自己期望的苹果，从此过上了幸福快乐的日子。

探讨：这条毛毛虫成功的根本原因是什么？

（选自腾讯网 2020 年 2 月 1 日"微文心语"《五条毛毛虫的不同命运》，笔者有改编）

【本环节设计目的】通过这条毛毛虫的故事引发学生思考，有明确的人生目标，并为之做好各种充足的准备，这样更容易实现自己的人生目标。

三、小结

通过同学们探讨，我们会发现，要想选择一个自己想要的人生方向，不仅仅要清楚了解外在环境的利弊，更要努力认识自己，并为自己的人生目标做好充足的准备，这样才可能在付出了艰苦的努力后，实现自己的人生目标，开创属于自己的美好人生。

生涯思考：在了解了"生涯规划"的重要意义后，该如何透彻清楚地认识"生涯规划"，并基于此开展自我的生涯规划呢？

🖳 生涯人物

海伦·凯勒

海伦·凯勒在两岁时因突发的疾病猩红热，丧失了视觉和听觉。由于失去视觉和听觉的痛苦，再加上父母无原则地溺爱，使得幼年的海伦·凯勒成为一个心智未开、任性无知、被宠坏了的孩子。她野性十足，脾气暴躁，极端任性。吃饭时，她会围着餐桌转来转去，把手伸到每个人的盘子里，胡乱抓东西吃，还不时地抓住正在传递的碟子，拿出她想要的食物。对于她这种实在难以令人容忍的用餐方式，家人早已习惯。

1887 年 3 月 3 日，安妮·莎莉文来到海伦·凯勒的家，成为她的家庭教师。在莎莉文的耐心教育和引导下，海伦·凯勒第一次正确地拼写对了"doll"这个单词。这使得她感受到了"前所未有的愉悦和自豪"。

后来，当莎莉文老师把她的手放在水井的出水口处，当清凉的水从她的手上流过时，莎莉文老师在她的另一只手上拼写出"water"（水）这个词。正是莎莉文老师的这个动作，让海伦·凯勒"蓦然间，一种沉睡的意识被叫醒了"。

从此以后，海伦·凯勒开始积极主动地通过触摸来感知这个世界，来学习与人交流。她一次次把手放在他人的嘴唇和喉咙上以掌握很多特殊震动，并明白它们的含义，如一个男孩的笑声、一个男人惊讶的"呦！"、疼痛的呻吟、惊叫、耳语、哭泣、哽咽和喘息……而这一学习过程充满了快乐。

莎莉文老师无与伦比的爱心和耐心，终于唤醒了在灵魂深处的海伦·凯勒，也开启了海伦·凯勒积极上进的生涯之旅。通过不懈的努力，海伦·凯勒成为美国第一位获得文学学士学位的盲聋人，还出版了《假如给我三天光明》等享誉世界的作品，并被林登·约翰逊总统授予总统自由勋章。

第二节　我的人生我做主

——规划开天地

　　命名说明："规划开天地"是本节课的核心词，通过第一节课的活动，学生的生涯规划意识已被唤醒。本节课则通过生涯故事分析、我的生涯鱼骨图等活动引导学生对自我的生涯进行梳理，并进行自我人生规划。"规划开天地"是本节课的重点，"我的人生我做主"是"规划开天地"后自然的结果。

　　活动目标：

　　（1）引导学生积极参与探讨和交流，并坦诚分享在活动中的各种体会。

　　（2）通过活动引导学生理解"规划开天地"的价值和意义。

　　（3）引导学生积极思考和探讨如何才能真正地通过"生涯规划"来"主宰自己的人生"。

　　活动地点：教室。

　　活动对象：高中一年级学生。

　　活动所需材料：A4纸（100张，每人2张）、彩笔8盒、水性笔1支/人。

　　课前分组：随机分组（8组为宜，5~6人/组）。

　　背景音乐：

　　（1）热身音乐：《笑看人生》。

　　（2）提升音乐：《狮子山下》。

一、热身活动

播放：《笑看人生》。

导入语："人生戏剧 / 就算欠着对白也未皱着眉 / 伤悲 也当拍戏 / 换角度再次高飞 / 人于世上 / 要绝对尽兴 / 直至没法要别离"！

《笑看人生》唱出了直面自我人生的积极与乐观。如果我们能将自己过往的人生梳理清晰，对于未来的人生做出规划，那么积极乐观的我们就不仅仅可以"笑看人生"，更可以赢得人生了！

下面，让我们一起了解以下几个案例，并借此思考自己的人生规划吧！

二、有梦想谁都了不起

（一）活动名称

我的梦想清单。

（二）活动规则

（1）分组坐好，为每人分发一张 A4 纸。

（2）情景预设：

某个下雨的午后，一个15岁的少年坐在家中。奶奶和婶婶坐在他旁边，边喝茶，边聊天。奶奶对婶婶说："如果我年轻的时候做了这件事……"少年听到这里，便下定决心："以后我可不想后悔地说'如果我年轻的时候这么做……'"于是，少年拿起笔，在一张黄色的纸上写下"我的梦想目录"，把自己一生想做的事情、想去的地方、想学的东西一一记了下来。

……

假设你就是这个少年，请你在纸上写下你"所有稍微努力就能实现的和看起来几乎不太可能实现的愿望"。

（提示语：请注意是"所有稍微努力就能实现的和看起来几乎不太可能实现的愿望"。）

（3）播放提升音乐：《狮子山下》。

（4）用时 4 分钟。

（三）分享交流

（1）写完后，小组成员互相分享自己的梦想清单。

（2）个别采访（2~3人）。

问题1：你的梦想清单一共有多少个梦想？哪些梦想是你觉得"看起来几乎不能"实现的，为什么？

问题2：在你听到别人介绍自己的梦想时，对你有何启发？

【本环节设计目的】采用情景化的引导思考方式，可以让学生更深入自由地打开想象力之门，最大限度地消解学生的自我防御机制，写出自己的"梦想清单"。而分享过程意在引导帮助学生了解别人的梦想清单，以此触发对于自我梦想清单的深入思考。本活动的重点在于分享和交流，不批评，不评价。

三、鱼跃龙门翔在天

（一）活动名称

我的生涯鱼骨图。

（二）活动规则

（1）分组坐好，每人配发A4纸一张。

（2）绘制说明：

① 请在你生命的原点上写下你的出生年月日，并标注为0。再根据你的健康状况、家族的健康状况和你所生活地区的平均寿命来推测自己的寿命，标注在鱼骨图的终点处。

② 请确定今天你的位置，用自己喜欢的彩笔标注，写上今天的日期和你的年龄。

③ 请回忆你的过去，在鱼骨图上标出过往对你影响最大或你最难忘的5件事，用鱼刺表示，积极事件鱼刺向上，消极事件鱼刺向下，并以鱼刺线段的长短来表示这件事对你影响的程度。

④ 请从你的梦想清单中找出自己最想实现的5个梦想，将它标记在你预估的位置。这些梦想能否成功全部由你决定，鱼刺朝上；需要他人参与或由他人决定的，鱼刺朝下，鱼刺线段的长短表示这个梦想实现的难度。

（3）播放提升音乐：《狮子山下》。

（4）用时 4 分钟。

（三）分享交流

（1）画鱼骨图时思考，并在画完后与小组成员分享以下问题：

① 过去的事情对你现在有何影响？你是怎么看待这些事情的？

② 你对现在的自己是否满意，哪些人或事影响了你对现在的自己的看法？

③ 对于未来的自己，你的预期是什么？为了达到这些预期，你将会做什么准备？

（2）个别采访。（2~3 人）

问题①②③同上。

问题④：在听到别人介绍自己对过往人生的总结及对未来人生的规划时，你有何启发？

【本环节设计目的】采用生涯鱼骨图引导学生总结自己的过往及筹划自己的未来，可以让学生对未来有更清晰的认识，从而更好地把握未来。本活动的重点在于分享和交流，不批评，不评判。

四、小结

在本节课中，我们清楚了自己的梦想，以及粗线条地梳理了自己过往的人生。不过，在生涯规划中，如果想更好地开创自己的精彩人生，我们还需要在"认识自我""认识环境""生涯抉择"和"计划与调整"四大方面深入地了解和学习。让我们一起期待未来，如何破解古希腊神庙上的"人啊，认识你自己"的世界难题！

🕵 生涯知识

1. 生涯优秀人物：约翰·戈达德（美国探险家）

在一个雨天的下午，一个15岁的少年坐在洛杉矶家中的饭桌上，雄心壮志地在黄色便条的顶端写下了"My Life List"（生命清单）。在这个标题下他写下了人生的 127 个目标。从此，他开启了一位探险家和目标实现者的传奇人生，他的名字叫 John Goddard（约翰·戈达德）。迄今为止，他已经完成了清单中的 110 个。让我们来看看他所列的目标吧！

生命清单：

EXPLORE（探险）8 个

（1）Nile River（尼罗河）

（2）Amazon River（亚马孙河）

（3）Congo River（刚果河）

（4）Colorado River（科罗拉多河）

（5）Yangtze River, China（长江，中国）

（6）Niger River（尼日尔河）

（7）Orinoco River, Venezuela（奥里诺科河，委内瑞拉）

（8）Rio Coco, Nicaragua（可可河，尼加拉瓜）

STUDY PRIMITIVE（学习文化）12 个

（9）The Congo（刚果）

（10）New Guinea（新几内亚）

（11）Brazil（巴西）

（12）Borneo（婆罗洲）

（13）The Sudan（苏丹），（约翰差点被一场沙暴活埋）

（14）Australia（澳大利亚）

（15）Kenya（肯尼亚）

（16）The Philippines（菲律宾）

（17）Tanzania（坦桑尼亚）

（18）Ethiopia（埃塞俄比亚）

（19）Nigeria（尼日利亚）

（20）Alaska（阿拉斯加）

CLIMB（攀登）16 个

（21）Mt. Everest（珠穆朗玛峰）

（22）Mt. Aconcagua, Argentina（阿空加瓜峰，阿根廷）

（23）Mt. McKinley（麦金利山）

（24）Mt. Huascaran, Peru（瓦斯卡兰山，秘鲁）

（25）Mt. Kilimanjaro（乞力马扎罗火山）

（26）Mt. Ararat, Turkey（亚拉拉特峰，土耳其）

（27）Mt. Kenya（肯尼亚山）

（28）Mt. Cook, New Zealand（库克山，新西兰）

（29）Mt. Popocatepetl, Mexico（波波卡特佩特火山，墨西哥）

（30）The Matterhorn（马特峰）

（31）Mt. Rainier（雷尼尔山）

（32）Mt. Fuji（富士山）

（33）Mt. Vesuvius（维苏威火山）

（34）Mt. Bromo, Java（婆罗摩，爪哇）

（35）Grand Tetons（大梯顿山）

（36）Mt. Baldy, California（鲍尔迪山，加利福尼亚）

（37）Carry out careers in medicine and exploration（开展医药与探险事业）

（38）Visit every country in the world（造访世界每个国家和地区）

（39）Study Navaho and Hopi Indians（学习印第安语和霍皮语）

（40）Learn to fly a plane（学习驾驶飞机）

（41）Ride horse in Rose Parade（在玫瑰花车大游行中骑马）

PHOTOGRAPH（摄影）6个

（42）Iguacu Falls, Brazil（伊瓜苏瀑布，巴西）

（43）Victoria Falls, Rhodesia（维多利亚瀑布，罗德西亚，现名津巴布韦），（在拍摄过程中被一只疣猪追赶）

（44）Sutherland Falls, New Zealand（萨瑟兰瀑布，新西兰）

（45）Yosemite Falls（约塞米蒂瀑布）

（46）Niagara Falls（尼亚加拉瀑布）

（47）Retrace travels of Marco Polo and Alexander the Great（重走马可·波罗与亚历山大大帝曾走过的路）

EXPLORE UNDERWATER（水下探险）6个

（48）Coral reefs of Florida（佛罗里达的珊瑚礁）

（49）Great Barrier Reef, Australia（大堡礁，澳大利亚），（拍到了一个300磅重的蛤）

（50）Red Sea（红海）

（51）Fiji Islands（斐济群岛）

（52）The Bahamas（巴哈马群岛）

（53）Explore Okefenokee Swamp and the Everglades（探险奥克弗诺基沼泽和佛罗里达大沼泽地）

VISIT（造访）14个

（54）North and south poles（南北极）

（55）Great Wall of China（中国长城）

（56）Panama and Suez Canals（巴拿马运河和苏伊士运河）

（57）Easter Island（复活节岛）

（58）The Galapagos Islands（加拉帕格斯群岛）

（59）Vatican City（梵蒂冈），（约翰在那里见到了天主教教主）

（60）The Taj Mahal（泰姬陵）

（61）The Eiffel Tower（埃菲尔铁塔）

（62）The Blue Grotto（蓝洞）

（63）The Tower of London（伦敦塔）

（64）The Leaning Tower of Pisa（比萨斜塔）

（65）The Sacred Well of Chichen–Itza, Mexico（奇琴伊察，墨西哥）

（66）Climb Ayers Rock in Australia（攀登澳大利亚的艾尔斯岩）

（67）Follow River Jordan from Sea of Galilee to Dead Sea（顺着约旦河沿着加加利海到死海）

SWIM IN（游泳）5个

（68）Lake Victoria（维多利亚湖）

（69）Lake Superior（苏必利尔湖）

（70）Lake Tanganyika（坦葛尼喀湖）

（71）Lake Titicaca, S. America（的喀喀湖，南美）

（72）Lake Nicaragua（尼加拉瓜湖）

ACCOMPLISH（完成目标）60个

（73）Become an Eagle Scout（成为一名鹰级童子军）

（74）Dive in a submarine（乘潜水艇潜入海底）

（75）Land on and take off from an aircraft carrier（驾驶飞机在航母上起降）

（76）Fly in a blimp, balloon and glider（驾驶滑翔机、热气球和飞艇）

（77）Ride an elephant, camel, ostrich and bronco（骑大象、骆驼、鸵鸟和野马）

（78）Skin dive to 40 feet and hold breath two and a half minutes underwater（潜水至水底40英尺并憋气2分半）

（79）Catch a ten–pound lobster and a ten–inch abalone（抓一只十磅重的龙虾和10英尺长的鲍鱼）

（80）Play flute and violin（学吹长笛和拉小提琴）

（81）Type 50 words a minute（一分钟内打字50个）

（82）Make a parachute jump（跳伞）

（83）Learn water and snow skiing（学会游泳和滑雪）

（84）Go on a church mission（为教堂传道）

（85）Follow the John Muir trail（穿越约翰缪尔步道），（世界十大徒步路线之一）

（86）Study native medicines and bring back useful ones（学习地方医术并带回

31

使用的医疗技术）

（87）Bag camera trophies of elephant, lion, rhino, cheetah, cape buffalo and whale（拍摄大象、狮子、犀牛、猎豹、非洲野牛和鲸）

（88）Learn to fence（学会围栅栏）

（89）Learn jujitsu（学习柔道）

（90）Teach a college course（教授一个大学课程）

（91）Watch a cremation ceremony in Bali（在巴厘岛参观火葬仪式）

（92）Explore depths of the sea（探测海洋深度）

（93）Appear in a Tarzan movie（参演《人猿泰山》），（他认为这只是个少年白日梦）

（94）Own a horse, chimpanzee, cheetah, ocelot, and coyote（拥有一匹马、黑猩猩、猎豹、山猫和郊狼）

（95）Become a ham radio operator（成为一名业余无线电报务员）

（96）Build own telescope（自己制造一台望远镜）

（97）Write a book（写一本书），（已出版《尼罗河之旅》）

（98）Publish an article in National Geographic Magazine（在《美国国家地理》杂志上发表文章）

（99）High jump five feet（跳高达 5 英尺）

（100）Broad jump 15 feet（跳远达 15 英尺）

（101）Run mile in five minutes（在 5 分钟内跑完一英里）

（102）Weigh 175 pounds stripped（除去衣物净体重为 175 磅）

（103）Perform 200 sit-ups and 20 pull-ups（连续做 200 个仰卧起坐和 20 个引体向上）

（104）Learn French, Spanish and Arabic（学习法语、西班牙语和阿拉伯语）

（105）Study dragon lizards on Komodo Island（在科莫多岛上研究龙蜥蜴）

（106）Visit birthplace of Grandfather Sorenson in Denmark（拜访外公 Sorenson 在丹麦的出生地）

（107）Visit birthplace of Grandfather Goddard in England（拜访爷爷 Goddard 在英国的出生地）

（108）Ship aboard a freighter as a seaman（在船上当一回水手）

（109）Read the entire Encyclopedia Britannica（读完《大不列颠百科全书》）

（110）Read the Bible from cover to cover（从头到尾读完圣经）

（111）Read the works of Shakespeare, Plato, Aristotle, Dickens, Thoreau, Rousseau, Conrad, Hemingway, Twain, Burroughs, Talmage, Tolstoi, Longfellow, Keats, Poe, Bacon, Whittier, and Emerson（读莎士比亚、柏拉图、亚里士多德、狄更斯、梭罗、卢梭、海明威、马克·吐温、巴勒斯、塔尔米奇、托尔斯泰、朗费罗、济慈、爱伦·坡、培根、惠蒂埃和爱默生的作品）

（112）Become familiar with the compositions of Bach, Beethoven, Debussy, Ibert, Mendelssohn, Lalo, Liszt, Rimski-Korsakov, Respighi, Rachmaninoff, Paganini, Stravinsky, Toch, Tschaikovsky, Verdi（熟悉巴赫、贝多芬、德彪西、伊白尔、门德尔松、拉罗、李斯特、林姆斯基·高沙可夫、雷斯庇基、拉赫玛尼诺夫、帕格尼尼、斯特拉文斯基、托赫、柴可夫斯基、威尔第的音乐作品）

（113）Become proficient in the use of a plane, motorcycle, tractor, surfboard, rifle, pistol, canoe, microscope, football, basketball, bow and arrow, lariat and boomerang（熟练地掌握飞机、摩托车、拖拉机、冲浪板、来复枪、手枪、独木舟、显微镜、足球、篮球、弓箭、套索和回飞镖的操作技术）

（114）Compose music（作曲）

（115）Play Clair de Lune on the piano（用钢琴演奏《月光》）

（116）Watch fire-walking ceremony（观看渡火仪式）

（117）Milk a poisonous snake（取一只毒蛇的毒液），（曾被一只蛇咬到）

（118）Light a match with .22 rifle（用一只 22 型来复枪点燃火柴）

（119）Visit a movie studio（参观电影棚）

（120）Climb Cheops'pyramid（攀登胡夫金字塔）

（121）Become a member of the Explorer's Club and the Adventure's Club（成为"探索俱乐部"和"冒险俱乐部"的成员）

（122）Learn to play polo（学打马球）

（123）Travel through the Grand Canyon on foot and by boat（步行或走水路穿越大峡谷）

（124）Circumnavigate the globe（环球航行），（4次）

（125）Visit the moon（访问月球）

（126）Marry and have children（结婚和生孩子），（现已有6个子女）

（127）Live to see the 21st century（活到21世纪）

2.生涯鱼骨图（又名因果图、石川图）

指问题的特性总是受到一些因素的影响，我们通过头脑风暴找出这些因素，并将它们与特性联系在一起，按相互关联性整理得层次分明、条理清楚，并标出重要因素的图形就叫特性要因图或特性原因图。因其形状如鱼骨，所以又叫鱼骨图（以下称鱼骨图），是一种发现问题"根本原因"的分析方法。由日本管理大师石川馨先生所发明，故又名石川图，也可以称之为"Ishikawa"或者"因果图"。其特点是简洁实用，深入直观。鱼骨图也用在生产中，用来形象地表示生产车间的流程。问题或缺陷（即后果）标在"鱼头"处，在"鱼骨"上长出"鱼刺"，按出现机会多寡列出产生问题的可能原因，有助于说明各个原因是如何影响后果的。

第二章

认识自我

（4课时）

古希腊德尔菲神庙的石碑上刻着由传说中的"七贤"一起写下的箴言：认识你自己（Know yourself）。老子在《道德经》第三十三章中说：知人者智，自知者明。从古至今，"认识自我"对于我们每个人而言，都是终其一生需要不断探索和苦苦追寻的命题。

从生涯规划的角度看，"自我"是指"个人对自己多方面知觉的总和，其中包括个人对自己性格、能力、兴趣、欲望的了解，个人与别人和环境的关系，个人对处理事务的经验，以及对生活目标的认识和评价等"。

基于以上定义，就意味着在生涯规划方面的"认识自我"就需要从"兴趣""能力""价值观"三个方面来引导学生。

下面，我们将会通过"兴趣——认识自我的出发点""能力——体验见证心声""价值观——我为何而来？"和"活出通透的自我：兴趣（喜欢做什么）+能力（擅长做什么）+价值观（用什么活出精彩）"四个具有分总关系的生涯规划活动对学生进行引导，以期使学生可以通过各种生涯工具更清晰地认识自我，开启更科学的生涯旅程。

第一节　知现在　明未来

——规划自我的出发点

命名说明："知现在"是本节课的核心词，通过本节课的活动，引导学生站在生涯规划的角度省视自我。本节课将运用"乔哈利视窗"和"镜中我"理论引导学生掌握两种最基本的认识自我的方式。当学生更明确地认识了现在的自己，才会"明未来"。

活动目标：

（1）引导学生积极参与探讨和交流，并能坦诚分享在活动中的各种体会。

（2）通过活动引导学生掌握认识自我的两种基本方式。

（3）鼓励学生积极运用两种认识自我的方式深化自我认识。

活动地点：教室。

活动对象：高中一年级学生。

活动所需材料：A4纸（100张，每人2张）、彩笔8盒、水性笔1支/人。

课前分组：随机分组（8组为宜，5~6人/组）

背景音乐：

（1）热身音乐：《雾里看花》。

（2）提升音乐：《镜中人》。

一、热身活动

导入语：华人生涯规划大师金树人先生曾说过："一个人若是看不到未来，就掌握不了现在；一个人若是掌握不住现在，就看不到未来。"

（一）活动名称

手指抬人。

（二）活动规则

（1）将 6~8 张课桌拼在一起，1 个同学躺在上面。

（2）另外 15 个同学围绕躺着的同学站立，准备将该同学抬起。

（3）每个同学只能用双手的食指抬人。

（4）负责抬人的同学必须遵守指令，在将躺着的同学抬起 3 秒钟后放下来。

（特别注意：教师必须随时关注情况，确保同学轻抬轻放，绝对保障被抬同学的安全。）

【本环节设计目的】制造神秘，活跃气氛，吸引同学投入，为接下来的活动奠定良好的基础。

二、明己——我的自画像

导入语：在"手指抬人"的游戏中，我们很惊讶地发现了自己和他人"小小食指"所拥有的巨大力量。其实，我们的惊讶并非是今天因为小费老师才突然产生的，而是在我们每个人身上还有许多你所不了解的地方。下面，就让我们一起踏上"自我认识"之旅！

（一）活动名称

我的自画像。

（二）活动规则

（1）分组坐好，每人配发 A4 纸一张，彩笔一盒。

（2）每个人选择自己喜欢的颜色，用任何形象来描绘自己，并为之命名，如"勤奋的蜜蜂"等。

（提示语：不管你画的是什么，只要你认为可以用来代表你即可，它可以是很具体的东西，也可以是抽象的事物。最关键的是，你所描画的事物要是最能代表你自己的。）

（3）用时 4 分钟。

（三）分享交流

（1）画完后，每个人都要与小组成员分享自己的自画像。

（2）个别采访（2~3人）。

问题1：你画的是什么？为什么要选择这个事物来代表自己？请你向大家解释你的"自画像"（名称缘由、性格特征……）。

问题2：在你听到别人对自己的介绍时，你对该同学有没有新的认识和了解？

【本环节设计目的】采用绘画的方式，可以让学生有自由发挥想象力的空间，这样的方式可以绕过他们的自我防御机制，帮助学生打破人与人之间的隔阂，打开话匣子，促进彼此之间的了解。而且学生可以根据自己的感觉，把握分享的深浅程度。通过活动中对自我的描绘，学生可以理清并重新审视自己的成长经历。本活动的重点在于绘画之后的分享，不批评、不评价。

（四）人际沟通信息模型：乔哈里视窗

引导语：关于"认识自我"美国心理学家乔瑟夫和哈里总结出自我认识的模型"乔哈里视窗"，下面让我们一起了解一下这个简明而有效的工具吧！

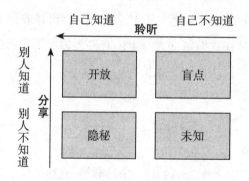

三、知人——后背上的秘密

引导语：我们通过"我的自画像"活动展示了自己的"开放区"，当然我们处于自我保护的考虑，也很自然地隐藏了我们的"隐秘区"。俗话说"旁观者清"，下面就让我们借助一个小活动来通过身边的"旁观者"一起了解一下他们眼中的"我"吧！

（一）活动名称

让我悄悄告诉你。

（二）活动规则

（1）每人准备一支笔，一张 A4 纸，双面胶若干条。

（2）请每个同学将写有名字的纸贴后背上。

（3）请你为小组其他同学写下你对他（她）的简要评价。

（三）分享交流

请被写的同学分享自己的感受。

（1）在同学写的时候你有什么感受？

（2）在看到同学对你的评价的时候，你又有什么样的感受？

【本环节设计目的】通过身边同学的留言，使学生更好地了解"盲点区"的自我，进而进一步"认识自我"。之所以让同学在后背写字，是为了减轻了留言同学的心理压力，可以更客观地表述自己的看法。同时，通过活动分享，引导所有同学懂得在"认识自我"道路上，身边同学、教师的重要性，进而更珍惜和同学、教师间的感情，激发自身对班集体的热爱。

（四）库利"镜中我"理论

美国社会学家查尔斯·霍顿·库利提出了"镜中我"理论，他的名言是：他人对自己的评价、态度等，是反映自我的一面"镜子"，个人通过这面"镜子"认识和把握自己。

四、小结

今天我们通过"我的自画像"和"让我悄悄告诉你"两个小活动，向大家展示了"自我认知"和"他人客观评价"对于一个人"认识自我"的重要价值。同时，我也希望所有同学在"认识自我"的道路上更加积极主动，更加珍视身边的同学、教师、家人、朋友，因为他们是我们在生涯认知和生涯规划上极其宝贵的财富。

让我们怀着感恩之心，对于给我们最真诚无私帮助的人说声谢谢。因为有你，使我更清楚地知道"现在的我"；因为有你，使"明天的我"更加勇敢坚定；因为有你，使我的人生将更精彩地绽放。所以，请让我再次衷心地说"谢谢你"！

生涯知识

1. 乔哈里视窗（Johari Window）

美国心理学家乔瑟夫和哈里从自我概念的角度对人际沟通进行了深入研究，并根据"自己知道—自己不知"和"他人知道—他人不知"两个维度，依据人际传播双方对传播内容的熟悉程度，将人际沟通信息划分为四个区：开放区、盲目区、隐秘区（又称隐藏区）和未知区（又称封闭区）。

开放区：自己知道、别人也知道的信息。例如，你的家庭情况、姓名、部分经历和爱好等。开放区具有相对性，有些事情对于某人来说是公开的信息，而对于另一些人可能就是隐秘的事情。

盲目区：自己不知道、别人却可能知道的盲点。例如，性格上的弱点或者坏的习惯，你的某些处事方式，别人对你的一些感受，等等。一旦当事人没有博大、开放的胸怀，不能容纳一些敢于对自己讲真话的朋友或善于直言的人，他的盲目区就有可能越来越大。

隐藏区：自己知道、别人却可能不知道的秘密。例如，你的某些经历、希望、心愿、阴谋、秘密以及好恶等。一个真诚的人也需要隐藏区，完全没有隐藏区的人是心智不成熟的。

未知区：自己和别人都不知道的信息。例如，某人自己身上隐藏的疾病。未知区是尚待挖掘的黑洞，也许通过某些偶然或必然的机会，让别人对你有了较为深入的了解，自己对自我的认识也不断深入，人的某些潜能就会得到较好的发挥。

2. "镜中我"理论

美国社会学家查尔斯·霍顿·库利在《人类本性与社会秩序》一书中提出，人的行为很大程度上取决于对自我的认识，而这种认识主要是通过与他人的社会互动形成的。他人对自己的评价、态度等，是反映自我的一面"镜子"。个人通过这面"镜子"，认识和把握自己。因此，人认识自我是通过与他人的相互作用形成的，这种联系包括以下三个方面：①关于他人如何"认识"自己的想象；②关于别人如何"评价"自己的想象；③自己对他人的这些"认识"或"评价"的情感。

在这其中，前两项只有在与别人的接触中，或通过别人的态度才能获得。库利认为，"镜中我"也是"社会我"。传播，特别是初级群体中的人际传播，是形成"镜中我"的主要机制。一般来说，这种以"镜中我"为核心的自我认知状况取决于他人传播的程度，传播活动越活跃，越是多方面，个人的"镜中我"也就越清晰，个人对自我的把握也就越客观。

生涯故事

小和尚卖石头

一天，一个小和尚跑过来，请教禅师："师父，我人生最大的价值是什么呢？"禅师说："你到后花园搬一块大石头，拿到菜市场上去卖，假如有人问价，你不要讲话，只伸出两个指头。假如他跟你还价，你不要卖，抱回来，师父告诉你，你人生最大的价值是什么。"

第二天一大早，小和尚就抱了块大石头，到菜市场上去卖。菜市场上人来人往，人们很好奇，一家庭主妇走了过来，问："石头多少钱卖呀？"和尚伸出了两个指头，主妇说："2元钱？"小和尚摇摇头，家庭主妇说："那么是20元？好吧，好吧！我刚好拿回去压酸菜。"小和尚听到，心想：我的妈呀，一文不值的石头居然有人出20元钱来买！我们山上有的是呢！

于是，小和尚没有卖，乐呵呵地去见师父，"师父，今天有一个家庭主妇愿意出20元钱买我的石头。师父，您现在可以告诉我，我人生最大的价值是什么了吗？"禅师说："嗯，不急，你明天一早，再把这块石头拿到博物馆去，假如有人问价，你依然伸出两个指头；如果他还价，你不要卖，再抱回来，我们再谈。"

第二天早上，在博物馆里，一群好奇的人围观，窃窃私语。"一块普通的石头，有什么价值摆在博物馆里呢？""既然这块石头摆在博物馆里，那一定有它的价值，只是我们还不知道而已。"这时，有一个人从人群中窜出来，冲着小和尚大声说："小和尚，你这块石头多少钱卖啊？"小和尚没出声，伸出两个指头，那个人说："200元？"小和尚摇了摇头，那个人说："2000元就2000元吧，刚好我要用它雕刻一尊神像。"小和尚听到这里，倒退了一步，非常惊讶!

他依然遵照师傅的嘱托，把这块石头抱回了山上，对师傅说："师傅，今天有人要出 2000 元买我这块石头，这回您总要告诉我，我人生最大的价值是什么了吧？"禅师哈哈大笑说："你明天再把这块石头拿到古董店去卖，照例有人还价，你就把它抱回来。这一次，师傅一定告诉你，你人生最大的价值是什么。"

第三天一早，小和尚又抱着那块大石头来到了古董店，依然有一些人围观，有一些人谈论："这是什么石头啊？在哪儿出土的呢？是哪个朝代的呀？是做什么用的呢？"终于有一个人过来问价："小和尚，你这块石头多少钱卖啊？"小和尚依然不声不语，伸出了两个指头。"20000 元？"那人问道。小和尚睁大眼睛，张大嘴巴，惊讶地大叫一声："啊？！"那位客人以为自己出价太低，气坏了小和尚，立刻纠正说："不！不！不！我说错了，我是要给你200000 元！""200000 元！"小和尚听到这里，立刻抱起石头，飞奔回山上，气喘吁吁地说："师父，师父，这下我们可发达了，今天的施主出价 200000 元买我们的石头！现在您总可以告诉我，我人生最大的价值是什么了吧？"

禅师摸摸小和尚的头，慈爱地说："孩子啊，你人生最大的价值就好像这块石头，如果你把自己摆在菜市场上，你就只值 20 元钱；如果你把自己摆在博物馆里，你就值 2000 元；如果你把自己摆在古董店里，你就值 200000 元。平台不同，定位不同，人生的价值就会截然不同！"

第二节 认识兴趣

——认识自我的出发点

命名说明："认识自己的兴趣"是本节课的核心词，通过第一节课的活动，学生认识自我的意识已被唤醒，且已经初步掌握了认识自我的两种重要途径。但要如何具体而深入地自我认识，还得细化为"兴趣""能力"和"价值观"，本节课着重引导学生认识自我的"兴趣"。

活动目标：

（1）引导学生积极参与探讨和交流，并能坦诚分享在活动中的各种体会。

（2）通过活动引导学生了解自己的生涯兴趣。

（3）引导学生积极思考和探索自我的职业兴趣类型。

活动地点：教室。

活动对象：高中一年级学生。

活动所需材料：A4纸（100张，每人2张）、水性笔1支/人。

课前分组：随机分组（8组为宜，5~6人/组）。

背景音乐：

（1）热身音乐：《兴趣》。

（2）提升音乐：《不要命的热爱》。

一、热身活动

导入语：兴趣是最好的老师，坚持是最好的见证。对于生涯规划而言，你的兴趣是什么，它会对你未来的人生起到什么帮助，这是个值得认真研究和探讨的问题。

（一）活动名称

"喜欢"的背后。

（二）活动规则

（1）请在1分钟内，在纸上写下自己平时最喜欢做的三件事。

（2）如果需要将这三件事归类在"事务完成"与"心智思考"两个方面，你会如何归类？

（3）请再将这三件事按照"与人接触"与"与物接触"进行归类。

【**本环节设计目的**】初步引导学生对自己平时最喜欢做的事情进行归类，既引发学生思考，又为接下来的活动奠定基础。

二、生涯憧憬——我的美好未来

导入语：为自己最喜欢的事情进行了归类后，让我们对自己未来最想从事的职业或工作进行一番思考吧！

（一）活动名称

憧憬"美好未来"。

（二）活动规则

（1）请在1分钟内，在纸上写下自己未来最期待从事的三个工作。

（2）根据你的理解，将这三个工作按照"事务完成"与"心智思考"进行归类，并写出归类原因。

（3）请再将这三个工作按照"与人接触"与"与物接触"进行归类，写出归类原因。

【**本环节设计目的**】进一步引导学生对自己喜欢做的事情进行归类。目的是既深化学生对于自己所喜欢事情的认识，又引导学生逐步理解"事务完成"与"心智思考"、"与人接触"与"与物接触"的差异，为接下来的兴趣岛测试活动做准备。

（4）用时4分钟。

（三）分享交流

（1）完成后，每个人都要与小组成员分享自己的理想职业及归类理由。

（2）个别采访（2~3人）。

问题1：你的梦想职业是什么？归类原因是什么？

问题2：在你听到别人分享自己的梦想职业时，你有没有受到启发？

【本环节设计目的】采用梳理自我梦想职业的方式，可以让学生有自由表达自我憧憬职业的空间。这样的方式可以绕过学生的自我防御机制，帮助学生更深入地了解自己的梦想职业。而引导学生对于自己梦想职业进行归类，可以帮助他们根据自己的理解，进一步明确自己的兴趣与梦想职业之间的相关性，以及自己职业兴趣的大致类别。

三、美丽海岛行——我的生涯度假计划

导入语：当我们对自己最喜欢的事和最憧憬的职业有了一定的了解后，现在我们将开启生涯认识的下一个海岛美好旅程。

（一）活动名称

美丽海岛行

假如你有七天的假期，打算前往我国南沙新开发的岛屿群度假。旅行社经理向你介绍这个旅游点："这是我们和南沙市政府合作开发的新路线，一共有六个不同风情的岛屿，各有特色。"

第一个岛屿：代号A，岛上充满了各种小型的美术馆和音乐馆，当地的居民保留了传统的舞蹈、音乐和绘画，许多文艺界的朋友都喜欢来这里寻找灵感。

第二个岛屿：代号S，岛上发展出了一套别具特色的教育方式，小岛自成一个服务网络，互助合作。岛上的居民个性温和，十分友善，且乐于助人。

第三个岛屿：代号E，岛民豪爽热情，善于岛际贸易，到处都是高级旅馆、乡村俱乐部、高尔夫球场，熙熙攘攘，十分热闹。来往者以企业家、政治家、律师居多。

第四个岛屿：代号C，小岛十分现代化，已有先进的都市形态，以完善的户政管理、地政管理、金融管理见长。岛民个性冷静保守，处事有条不紊。

第五个岛屿：代号R，岛上保留了热带的原始植物，也有相当规模的动物园、植物园、水族馆。岛上的居民以手工见长，自己种植菜蔬、修缮屋舍、打

造器物、制造器械。

第六个岛屿：代号 I，本岛与其他岛屿距离较远。由于地理位置的关系，容易夜观星象，也有助于思考。整座岛屿遍布天文馆、科博馆以及与科学有关的图书馆。岛上的居民喜欢沉思，很喜欢与来自各地的哲学家、科学家、心理学家等交换心得。

在了解了六座岛屿的特征后，你觉得在哪些岛上度假最自在？扣除来回一天的飞行时间，还剩六天，你会在任选的三个岛上各停留几天？

（1）我最想去的是：＿＿＿岛＿＿＿天。

（2）其次是：＿＿＿岛＿＿＿天。

（3）最后是：＿＿＿岛＿＿＿天。

以下是改良式的六角形的潜在二元维度模式图。

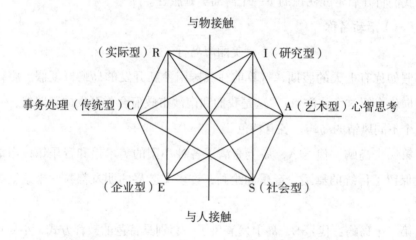

（二）活动规则

（1）请根据六个岛特点的介绍，写下自己所选的三个岛及停留时间。

（2）请将自己所选的三个岛在空白的六边形中连线，形成一个三角形。

（3）请结合上述三个活动，按照"与人接触"与"与物接触"进行归类，明晰自己的生涯兴趣。

【本环节设计目的】本环节实际为霍兰德职业兴趣测试，通过"美丽岛活动"帮助学生深化对自己生涯的认识，引导学生更深入理解"事务完成"与"心智思考"、"与人接触"与"与物接触"的差异。

（4）用时 10 分钟。

（三）分享交流

（1）每个同学都要与小组成员分享自己的兴趣岛选择及归类理由。

（2）个别采访（2~3 人）。

问题 1：你选择的三个岛是什么？三个岛可以归为哪种倾向呢？

问题 2：在你听到别人分享自己的选择时，你有什么新的启发？

【本环节设计目的】采用梳理美丽海岛行的方式，其实是在采用心理投射帮助学生思考和了解自己的生涯兴趣属性，这样的方式可以让学生对自己的生涯兴趣以及职业匹配有初步认识。而互相交流和分享自己的兴趣岛选择及理由，不但可以帮助学生对自己生涯兴趣有更深入地理解，而且还可以在与别人的交流中获得启发。

四、小结

有人说，兴趣是最好的老师。同时，我们也听说过许多因为深刻认识自己的生涯兴趣，并积极运用生涯兴趣而成就了自己辉煌人生的人。那么，结合本节课的方法和思想继续认识和运用自己的生涯兴趣，更好地规划自己的人生，将会为你未来铸就属于自己的辉煌提供最大的可能性，加油，年轻人！

🧑 生涯知识

霍兰德职业兴趣理论

约翰·霍兰德（John Holland）是美国约翰斯·霍普金斯大学的心理学教授，美国著名的职业指导专家。他于 1959 年提出了具有广泛社会影响的职业兴趣理论。他认为人的人格类型、兴趣与职业密切相关，兴趣是人们活动的巨大动力，凡是具有职业兴趣的职业，都可以提高人们的积极性，促使人们积极、愉快地从事该职业，且职业兴趣与人格之间存在很高的相关性。他还认为人格可分为现实型、研究型、艺术型、社会型、企业型和常规型六种类型。

霍兰德的类型理论为我们提供了一个重要的生涯辅导理念，即把个人特质与适合这种特质的工作联系起来。生涯辅导（简单说就是职业辅导）强调生涯探索，对自我能力、兴趣、价值以及工作世界的探索。霍兰德巧妙地拉近了自我与工作的距离。借助霍兰德理论，人能迅速地、有系统地，有依据地在一个特定的职业群里进行探索活动。令人称道的是，它会为人提供和个人兴趣相近而且工作内容互有关联的一群职业，而不仅仅是冒险地建议个人选择一种特殊的职业或工作。此外，在生涯咨询（具体就是职业指导）方面，霍兰德的职业性向论也可以出其不意地引导当事人走向一个主动、积极的行动方向，进行动态探索。得到自己的代码和有关的职业群名称，当事人得以"起而行"地探查和自己将来有可能选择的职业的各种事务，包括工作内容、资薪收入、工作所需条件等。

霍兰德的理念是，人的内在本质必须在职业生涯的领域中得以充分扩展，期待一个人能在适当的生涯舞台上充分展现自我、实现自我，不仅能安身，更能立命，即协助当事人从迷惑中找到"人之所是"的立命之所。职业兴趣是职业选择中最重要的因素，是一种强大的精神力量；职业兴趣测验可以帮助个体明确自己的主观性向。

🔲 生涯人物

余秀华成名之路：是金子总会发光的（节选）

提到余秀华，她身上总有很多标签，如"脑瘫诗人""农民诗人"，大众喜欢在她的"诗人"称号前加上各种前缀，连她自己也曾说："我希望我写出的诗歌只是余秀华的，而不是脑瘫诗人余秀华的，或者农民余秀华的。"

在余秀华诗集的自序中，余秀华曾坦言自己当初选择文字的时候，选择诗歌这种文体，仅仅是因为诗歌字数最少，因为她的手写出一个字都非常吃力，她要用最大的力气保持身体的平衡，并用左手压住右手腕，才能把一个扭扭曲曲的字写出来。

在她残疾的人生中，在她摇摇晃晃的生活中，写诗歌是唯一可以让她安静和快乐的。写诗是情绪在胸腔中跳跃，是心灵发出的呼唤，诗歌也是她强大且坚定的精神支柱。

上天在关上一扇门的时候，总会打开一扇窗。

1976 年，余秀华出生在湖北一个叫作"横店"的村庄，因为出生时倒位、缺氧引起脑瘫，导致行为不便，容貌也受到了影响。她6岁才学会走路，但依然歪歪扭扭，摇摇晃晃，高中毕业后，她被迫接受父母的安排，和一个年长自己13岁的外地流浪汉尹志平结婚，在父母眼中，以她的条件，能组建家庭已经很不错了，但余秀华不这么认为，她觉得自己需要爱情。

2009年她开始写诗，那年她已经33岁，她经历着无爱的婚姻，虽有了自己的儿子，但内心世界一片荒芜，她喜欢写诗，可尹志平看见她写诗就烦，两个人因为这个曾争吵无数次，写诗这件事让这对本来就不和谐的夫妻更加疏远。

2014年，是余秀华写诗的第6年，这一年，她遇见了自己的伯乐。《诗刊》的编辑刘年在博客上看到了她的诗歌，立马眼前一亮，心中一震，在《诗刊》上发表了她的九首诗歌，很快余秀华就红了。

她的诗集《月光落在左手上》从出版至今，已突破十万册，成为20年来中国销量最大的诗集。

余秀华红了，很多访谈节目接踵而至，她接连出版了3本诗集，她的诗歌也从一个人的秘密，变成大家熟悉的文字。也许她自己都没有想到，自己能现身在各种电视节目上，能举办自己的读书见面会，这巨大的成功能降临在她这个残疾的农村妇女身上。

上天给了她一把烂牌，她却用这把烂牌换成了诗歌的成功。

上天总是公平的，虽然给了她身体的残疾，但赐予了她写诗的天赋，虽然这两者拼在一起并不是那么和谐，但人无完人，残缺美才是人生常见的风景。

——文章选自知乎，有删改

第三节　探索能力

——体验见证心声

命名说明："见证心声"是本节课的核心词。通过上节课的活动，学生对自己的兴趣有了进一步的理解，这在认识自我的道路上明显地使学生的认知更加清晰了。不过，在初步明确了自身兴趣之后，下一个难题接踵而来——我有能力将我的兴趣展露出来吗？本节课就着重引导学生在深度和宽度上理解自我"能力"。

活动目标：

（1）引导学生积极参与探讨和交流，并能坦诚分享在活动中的各种体会。

（2）通过活动引导学生深入理解自我"能力"。

（3）引导学生积极思考和探索自我的优势能力。

活动地点：教室。

活动对象：高中一年级学生。

活动道具：长短板不一的小木桶8个（网购）、量杯。

课前分组：随机分组（8组为宜，5~6人/组）。

背景音乐：

（1）热身音乐：《野百合也有春天》。

（2）提升音乐：《天生我材必有用》。

一、热身活动

导入语：能力是我们做好一切事情的前提，拥有能力并不难。不过，能力似乎又可以分成很多种，且会因人而异，这就常常会引发我们对自己的疑问：究竟有哪些能力是我的长板，又有哪些能力是我的短板？

今天，我们将就此展开探究，希望可以通过活动体验、分享交流建立积极的自我能力探索观，并开启真正的自我能力认识之旅。

（一）活动名称

是"天才"，还是"弱智"？

（二）个案思考

（1）周炜3岁的时候，医生确诊他患上了顽固性低血糖以及智力发育低下。

（2）23岁的他却只有5、6岁孩子的智商，父母带着他去上学，没有一所学校肯接收他，教师们都建议将他送到特殊学校。

（3）周围人也一直把他当成异类，只有父母一直没有放弃他。

（4）后来，他却在国内一档高智商挑战节目中以心算的方式击败上海交通大学数学系的教授。

（三）案例思考

这个人究竟是"天才"，还是"弱智"？

【本环节设计目的】通过引导学生对该案例的理解，引发他们思考"能力"判断的标准，以及认识到能力判断应采用多元化评判。这个案例既意在引发学生思考，又为接下来的"天生我材必有用"活动奠定基础。

二、认识能力——天生我材必有用

导入语：从上面的案例我们明白了人生而不同，智力和能力也会因人而异。那究竟人有哪几种基本能力，而我们自己又可能在哪些智能上有过人之处呢？

（一）活动名称

加德纳叔叔的馈赠。

（二）活动规则

（1）奇妙的多元智能理论。

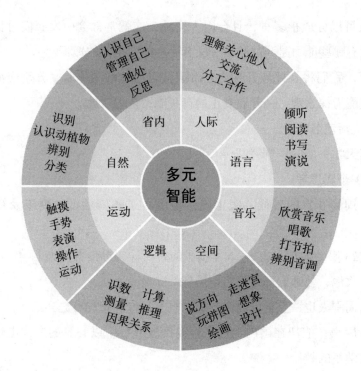

① 智力并不是某种神奇的、可以通过测验来衡量的东西，也不是只有少数人拥有。相反，智力是每个人都不同程度地拥有并表现在生活各个方面的能力。

② 智力是个体解决实际问题或生产及创造出社会需要的产品的能力，即智力一方面是解决实际问题的能力，另一方面还是生产及创造出社会需要的产品的能力。

③ 人类思维和认识方式是多元的，即存在多元智能，我们每个人至少有七种不同类型的智能。

（2）根据你对多元智能理论的理解，来分析并判断周玮究竟是"天才"，还是"弱智"，为什么？

【本环节设计目的】通过多元智能理论，进一步引导学生扩宽和加深对"能力"的理解，为接下来的木桶理论活动做准备。

（3）用时4分钟。

（三）分享交流

（1）每个人都要与小组成员分享自己对于"能力"的理解。

（2）个别采访（2~3人）。

问题1：你认为周玮是"天才"，还是"弱智"？理由是什么？

问题2：请谈谈你此刻对于"能力"是否有什么新的理解？

【本环节设计目的】通过小组交流和个人分享，可以让学生在自由的表达中不断深入理解"能力"的内涵和外延。同时，也可以加深他们对自我能力的思考和理解。

三、发挥能力——扬长避短创未来

导入语：当我们对自己能力强弱有了一定的了解后，该如何扬长避短，或者是"努力补短"，都将成为我们促使自身更好地发展的着力点，现在我们将通过一个小小的"木桶"来深入理解。

（一）活动名称

我的木桶

假如将你比喻成一个木桶，你所拥有的各种能力就如组成桶壁长短不一的木板。现在，要你往这个桶里装水，你认为是"最短的木板"起决定作用，还是"最长的木板"起决定作用？

（二）活动规则

（1）请根据你们组的理解，选取长短板不同的小木桶道具，每组只有一次选择的机会。

（2）尝试往小木桶里最大限度的装水，并用量杯量取最大装水量。

（3）小组探讨：看看有没有装更多水的办法。

【本环节设计目的】本环节实际通过活动让学生体验"长板优势"和"短板理论"。通过不同盛水量的比较，帮助学生深化对自己能力长短的认识，同时引导学生体会不同人对待"优劣势能力"的不同运用。

（4）用时8分钟。

（三）分享交流

（1）小组成员分享自己组最初选择不同木桶的理由，以及最终和其他组比较后的心理变化。

（2）个别采访（2~3人）。

问题1：你选择的木桶是长板更长，还是短板不短？

问题2：在你听到别人分享自己组的选择理由和比较后心理是如何变化的，你有什么新的启发？

【本环节设计目的】通过木桶装水实验来让学生对自己的能力优劣势该如何运用有初步的认识。互相交流和分享既可以帮助学生深化对于自己自身优劣势能力的深入理解，又可以使学生在与别人的交流和分享中获得启发。

四、小结

天生我材必有用。这个道理并不难懂，但当我们了解了每个人都有自己的优势能力时，我们就会对自己的生涯发展有更大的信心。当然，如果我们深入理解"能力"的内涵和外延，并积极运用自我的优势能力，我们将会成就属于我们自己的、独一无二的精彩人生。

天生我材必有用，更好地认识自我，努力地发展和完善自我，你的人生你定义！

生涯知识

1. 麦克利兰应用冰山理论

把属于海平面上的知识和技能称为通用性素质，而真正能区分优秀者与一般人的深层次因素，是潜伏在海平面以下的自我概念、特质、动机，这些被称为鉴别性素质。

2. 多元智能理论

加德纳于1983年提出多元智能理论，并在以后多次加以发展。该理论认为，智能是解决某一问题或创造某种产品的能力，而这一问题或这种产品在某一特定文化或特定环境中被认为是有价值的。就其基本结构来说，智能是多元的，每个人身上至少存在七项智能，即语言智能、数理逻辑智能、音乐智能、空间智能、身体运动智能、人际交往智能、自我认识智能。智能的分类不仅仅局限于这七项，随着研究的深入，会鉴别出更多的智能类型或者对原有智能分类加以修改，如加德纳于1996年就提出了第八种智能——认识自然的智能。

多元智能理论对智力的定义和认识与传统的智力观是不同的。加德纳认为，智力是在某种社会和文化环境的价值标准下，个体用以解决自己遇到的真正难题或生产及创造出某种产品所需要的能力。智力不是一种能力而是一组能力，智力不是以整合的方式存在而是以相互独立的方式存在。多元智能中的各种智能的内涵具体如下。

（1）语言智能：指人对语言的掌握和灵活运用的能力，表现为用词语思考，用语言和词语多种不同的方式来表达复杂意义。

（2）数理逻辑智能：指人对逻辑结果关系的理解推理思维表达能力，突出特征为用逻辑方法解决问题，有对数字和抽象模式的理解力，认识解决问题的应用推理。

（3）空间智能：指人对色彩、形状空间位置的正确感受和表达能力，突出特征为对视觉世界有准确的感知，产生思维图像，有三维空间的思维能力，能辨别感知空间物体之间的联系。

（4）音乐智能：指人的感受、辨别、记忆、表达音乐的能力，突出特征为对环境中的非言语声音，包括韵律和曲调、节奏、音高音质的敏感。

（5）身体运动智能：指人的身体的协调、平衡能力及运动的力量、速度、灵活性等，突出特征为利用身体交流和解决问题，熟练地进行物体操作以及进行需要良好动作技能的活动。

（6）人际交往智能：指对他人的表情、说话、手势动作的敏感程度以及对此做出有效反应的能力，表现为个人能觉察体验他人的情绪、情感并做出适当的反应。

（7）自我认识智能：指个体认识、洞察和反省自身的能力，突出特征为对自己的感觉和情绪敏感，了解自己的优缺点，用自己的知识来引导决策、设定目标。

（8）认识自然的智能：指观察自然的各种形态对物体进行辨认和分类、能够洞察自然或人造系统的能力。

加德纳认为，实践证明每一种智能在人类认识和改造世界的过程中都发挥着巨大的作用，具有同等的重要性。多元不是一种固定的数字概念，而是开放性的概念。个体到底有多少种智力是可以商榷和改变的。他所提出的八种智力的观点，在某种程度上还只是一个理论框架或构想，随着心理学、生理学等相关学科的进一步发展，多元智能的种类将可能得到发展。

3. 能力提升的方法

提升能力的第一步是要弄清楚以下四个问题。

（1）我最突出的能力有哪些？

（2）目前工作最急需的能力是什么？

（3）对比工作急需的能力，我最欠缺的能力是什么？

（4）我应该如何提升这些欠缺的能力？

你可以列一个表单，逐一回答上述问题，这样你所欠缺的能力以及今后努力的方向就一目了然了。

生涯人物

只能数到9，却成为全美国职业拳击运动史上最伟大的裁判。

有一个"无比愚钝"的小男孩，无论老教师如何努力地教他，上小学的他仍然无法学会从1数到10。

无奈之下，教师们商量后，决定请他的父亲来学校一趟，好好沟通一下孩子的教育问题，甚至想建议他的父亲将孩子转到特殊教育学校。父亲听完教师的话后，愤怒地当着教师的面大声地呵斥孩子："你长这么大，连1到10都学不会，将来能有什么用？"

这个孩子的眼珠子飞快地一转，笑嘻嘻地说："我可以做一个拳王争霸赛上只需要数到9的裁判。"

这个孩子就是后来被认为是全美国职业拳击运动史上最伟大的裁判——布鲁斯·富兰克林！

第四节 追问价值观

——我为何而活？

命名说明："追问"是本节课的核心词，通过引导学生完成对自我"兴趣"和"能力"的探寻后，这只是完成了自我认识方法和技术的传授，而"为什么而活"是"兴趣"与"能力"和之上的信念，也是学生追求自我价值的"动力源"。

活动目标：

（1）引导学生积极参与探讨和交流，并能坦诚分享在活动中的各种体会。

（2）通过活动引导学生理解自己的生涯价值观。

（3）引导学生积极思考和探索自我的生涯价值观。

活动地点：教室。

活动所需材料：A4纸（100张，每人2张）、水性笔1支/人。

课前分组：随机分组（8组为宜，5~6人/组）。

背景音乐：

（1）热身音乐：《生命的意义》。

（2）提升音乐：《生而不凡》。

一、热身活动·我来做次哲学家

导入语：生而不凡，各自有光，灿如春华，皎如秋月。当我们已经初步了解了自己的兴趣和能力优势后，将自身这些无价之宝运用于现实生活中，为自己、为家人、为国家、为世界做出自己力所能及的贡献是我们活着的最大意义。

（一）活动名称

我来做次哲学家

背景：假设你是一位哲学家，无意间在一个建筑工地上遇到三个正在砌筑的青年工人。于是，你问他们道："你们在干什么"？

第一个工人头也不回地说："我在砌砖。"

第二个工人抬了抬头说："我在砌一堵墙。"

第三个工人热情洋溢、满怀憧憬地说："我在建一座雄伟的殿堂。"

听完回答，作为哲学家，你需要马上就判断出这三个人的未来职业。

（二）活动规则

（1）请你说出你对这三位青年工人未来职业的判断。

第一位工人成为 _____，理由是：_____。

第二位工人成为 _____，理由是：_____。

第三位工人成为 _____，理由是：_____。

（2）思考：为什么对同一个工作，是什么原因让不同的人会有不同的看法？

（3）组内探讨交流。

（4）全班分享。

【本环节设计目的】通过追问，引导学生对生涯价值观有初步的思考，又为接下来的活动奠定基础。

二、价值观大拍卖

（一）活动名称

人生价值观大拍卖。

（二）活动规则

（1）每个学生手上有货币 300 万元（相当于你一生的时间和精力），这是你们用来拍卖的筹码和资本。

（2）每件拍品底价为 3 万，拍到最后，价高者得，并需说明买入原因。

（3）如果哪个学生出价到 300 万，就代表你愿意付出自己一生的精力和时间去努力得到这件拍品。买定之后，不得反悔。

（4）16 件拍品分别如下。

世界级的慈善家	世界五百强公司总裁	世界首席科学家
国家领袖	影视演员或歌星	医生或教师
热爱生活的普通人	身家过亿的网红	职业电竞选手
小说家	环游世界的旅行家	宠物医生
手工匠人	快递小哥	程序设计员
机械设计师		

（5）班主任担任竞拍主持人。

（6）开始竞拍。

【本环节设计目的】引导学生通过拍卖来思考自我选择，同时对自己选择背后的价值和意义进行深入的思考。

三、活出"我价值"

导入语：通过"价值观大拍卖"，我们大致明白了自己最喜欢的事情背后所承载的于人于己的意义。这个意义是我们生而为人在兼顾自我生存的同时，对于社会、国家，甚至整个人类的作用。我虽渺小，但我依然有助人济世的正能量！

（一）活动名称

活出"我的价值"。

（二）活动规则

（1）请在 1 分钟内，写下自己选择"价值观大拍卖"最终拍品的根本原因。

（2）小组内分享交流，阐述自己的观点，也认真聆听他人的观点。

（3）个别采访（2~3 人）。

问题 1：你选择"价值观大拍卖"最终拍品的根本原因是什么？

问题 2：为了实现你的梦想，你打算通过哪些方式实现？

【本环节设计目的】再次明晰自己选择拍品的原因，通过小组交流和全班分享深化学生对"职业价值观"的理解，并积极引导学生通过具体行动努力实现自己的想法。

四、小结

生而为人，为何而活？是千百年来人们不断自我追问的话题，也是推动人类和世界不断发展的内在动力。站在生涯规划的角度，在确保自我能得以生存的前提下，积极地将自我价值实现和国家社会发展融合为一是最好的选择。

【生涯哲文】

有三种简单然而无比强烈的激情左右了我的一生：对爱的渴望，对知识的探索和对人类苦难的怜悯。这些激情像飓风，无处不在、反复无常地吹拂着我，吹过深重的苦海，濒于绝境。

我寻找爱，首先是因为它使人心醉神迷，这种陶醉是如此的美妙，使我愿意牺牲余生去换取几个小时这样的欣喜。我寻找爱，还因为它能解除孤独，在可怕的孤独中，一颗颤抖的灵魂从世界的边缘看到冰冷、无底、死寂的深渊。最后，我寻找爱，还因为在爱的交融中，神秘而又具体，我看到了圣贤和诗人们想象出的天堂的前景。这就是我所寻找的，虽然对人生来说似乎过于美妙，这也是我终于找到的。

以同样的激情探索知识。我希望能够理解人类的心灵，我希望能够知道群星为何闪烁。我试图领悟毕达哥拉斯所景仰的数字力量，它支配着此消彼长。仅在一定程度上，我达到了此目的。

爱和知识，只要有可能，通向着天堂。但是怜悯总把我带回尘世，痛苦呼喊的回声回荡在我的内心。忍饥挨饿的孩子，惨遭压迫者摧残的受害者，被儿女们视为可憎负担的无助老人，连同这整个充满了孤独、贫穷和痛苦的世界，使人类所应有的生活成为笑柄。我渴望能够减少邪恶，但是我无能为力，而且我自己也在忍受折磨。

这就是我的一生。我发现它值得一过。如果再给我一次机会，我会很高兴地再活一次。

——摘自罗素的《我为什么而活着》，有删改

（罗素，1872—1970，英国哲学家、数学家、逻辑学家、历史学家、文学家，分析哲学的主要创始人，世界和平运动的倡导者和组织者。主要作品有《西方哲学史》《哲学问题》《心的分析》《物的分析》等。）

◎本章小结

活出通透的自我 = 清晰认识自我的兴趣 + 能力 + 价值观。

在自我的生涯规划中，要想活出通透的自我，了解自我的兴趣，即清楚自己喜欢做什么；清晰自我的能力，即明白自己擅长做什么；探寻自我的价值观，即知道做什么才能让自己活出精彩人生。这三者各有侧重，但又内在统一。

美国行为主义者华生在《行为主义》中里写道："给我一打健康的婴儿，一个由我支配的特殊环境，让我在这个环境养育他们，我可担保，不论他父母的才干、倾向、爱好如何，他父母的职业及种族如何，我都可以按照我的意愿把他们训练成为任何一种人物——医生、律师、美术家、大商人，甚至乞丐或强盗。"

我国心理学家郭任远在他《心理学与遗传》一书中明确提出："个人之所以为个人，完全是社会环境所造成的，生长在什么社会就变成什么人。"

虽然这两位有夸大"环境"对人成长作用的嫌疑，但也从某种意义上说明了"环境"对于一个人生涯发展的重要性。

从生涯规划角度看，"环境"可以分为"外环境"和"内环境"两大类。外环境是指个人成长的家庭环境、就读学校的环境、社会环境和职业环境，这些环境基本都不受个人控制，且更多需要个人积极适应的方面。内环境更多指个人的兴趣、能力、价值观，属于个人可以积极培养和调整的方面。

基于以上理解，下面我们将会通过"时代——我为什么而学习？""选科——兴趣成绩皆相宜""家庭——善用，更好成就自我"和"未来——智者占先机"四个方面的生涯规划活动对学生进行引导，以期学生可以通过对各种生涯工具的了解，开启更科学的生涯环境运用之旅。

第三章

认识环境

（4课时）

第一节 时 代

——我的才华施展天地

命名说明："才华施展天地"是本节课的核心词。在学习了"生涯启蒙"和"认识自我"后，学生已经认识到了生涯规划的重要价值，以及对于自我的兴趣、能力和价值观等内环境有更进一步的理解。那么，如何引导学生积极向外拓展，首先要让他们对于我们所处的时代有一个基本的认识。因为只有更深刻地认识了时代大背景，才能帮助我们更好地将自己的能力充分发挥出来。

活动目标：

（1）引导学生积极参与探讨和交流，并能坦诚分享在活动中的各种体会。

（2）通过活动引导学生从多个角度认识当前这个时代的特征。

（3）引导学生积极将个人生涯发展和时代发展紧密融合。

活动地点：教室。

活动所需材料：A4纸（100张，每人2张）、水性笔1支/人。

课前分组：随机分组（8组为宜，5~6人/组）。

一、热身活动

导入语："长忆观潮，满郭人争江上望。来疑沧海尽成空。万面鼓声中。弄潮儿向涛头立。手把红旗旗不湿。别来几向梦中看。梦觉尚心寒。"

宋人潘阆的一首《酒泉子·长忆观潮》道尽了少年敢于勇立潮头的豪迈气概。正值青春年少的我们亦可以在积极了解和认识当前时代特征的同时，将自我的生涯发展与时代发展紧密结合，借助时代大势发展自我、成就自我，甚至引领时代。

观看公益短片《基础研究与基础教育》。

从蒸汽机时代到电力时代，到信息时代，再到数字化时代，时代更迭日益加速，如何认识并积极适应时代的变化是每个青年人必须直面的挑战。

【本环节设计目的】通过视频，引导学生对时代变化，以及积极适应时代之变有一个直观认识，为接下来的活动奠定基础。

二、职业世界地图

（一）活动名称

职业世界地图

对于个人的生涯发展而言，通常都以职业作为未来发展的载体。因此，我们可以借由职业的变迁来把握时代变化的脉搏，亦可以由此进一步清晰自我的职业取向。

1985 年，美国大学考试中心结合霍兰德的职业兴趣理论提出了"职业世界地图"的概念和理论。他们期待通过职业与兴趣类型的对应，为学生选择大学专业和未来职业提供一种较为直观实用的工具。

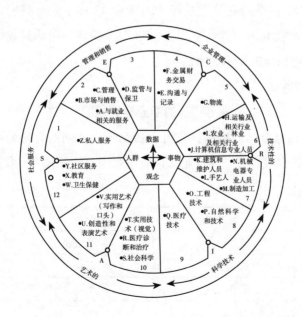

这幅图包含以下四个维度。

（1）4个向度：数据、观念、人群、事物。

（2）6大类别：R、I、A、S、E、C代表的职业类别。

（3）12个职业群：每大类下又分成2个职业群，共计12个职业群。

（4）26个职业族：每个职业群下再分为若干职业族，用字母A~Z标记。

（二）活动规则

（1）每个同学都可以结合这张职业世界地图和自己的霍兰德职业兴趣测试结果，来明确自我的职业兴趣和相应职业的方向。

（2）将自己分析的结果分享给组内同学，并需说明相应原因。

（3）结合《中华人民共和国职业分类大典（2022版）》和《美国SOC标准职业分类系统（2018版）》，初步了解自己喜欢或合适的职业。

【本环节设计目的】引导同学通过职业世界地图来引导学生对职业更全面的认识，也可以结合霍兰德职业兴趣测试继续深化对自我未来职业的理解。

三、探寻"我的职业世界地图"

导入语：通过对职业世界地图和《中华人民共和国职业分类大典（2022版）》《美国SOC标准职业分类系统（2018版）》的了解，我们大致清晰了工作世界的丰富和变化。但是，对于如何进一步探寻并明确自我的职业世界地图，还需要学习相应的知识和方法！

（一）活动名称

探寻"我的职业世界地图"

职业世界也有自己的地图，它可以帮助人们找到适合的职业。这份地图由三个关键坐标组成，分别为行业、企业与职能，从下表中，我们可以看到它们之间的联系。

职业	行业	企业	职能
心理咨询师	服务行业	外资企业	服务
教师	教育行业	民营企业	教育
厨师	餐饮行业	中小企业	服务

职业定位 = 行业 + 企业 + 职能。

1. 了解行业

门类代码	类别名称	门类代码	类别名称
A	农、林、牧、渔业	B	采矿业
C	制造业	D	电力、热力、燃气及水生产和供应业
E	建筑业	F	批发和零售业
G	交通运输、仓储和邮政业	H	住宿和餐饮业
I	信息传输、软件和信息技术服务业	J	金融业
K	房地产业	L	租赁和商务服务业
M	科学研究和技术服务业	N	水利、环境和公共设施管理业
O	居民服务、修理和其他服务业	P	教育
Q	卫生和社会工作	R	文化、体育和娱乐业
S	公共管理、社会保障和社会组织	T	国际组织

我国三类产业划分的具体范围是：第一产业包括农、林、牧、渔业；第二产业包括采矿业，制造业，电力、燃气及水的生产和供应业，建筑业；第三产业包括除第一、第二产业以外的其他行业，范围比较广泛，主要包括交通运输业、通信产业、商业、餐饮业、金融业、教育产业、公共服务等非物质生产部门。

2. 了解企业

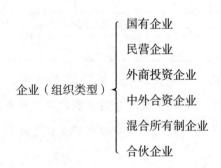

```
                    ┌ 国有企业
                    │ 民营企业
                    │ 外商投资企业
企业（组织类型）─────┤ 中外合资企业
                    │ 混合所有制企业
                    └ 合伙企业
```

3. 了解职能及胜任要求

岗位职能	重点胜任力
服务类 / 人力资源类	团队协作 高效沟通
研发 / 设计类	创新思维 求知欲
市场类	高效沟通 创新思维
财务类	诚实正直 结果导向
销售类	高效沟通 创新思维
教育类	踏实细心 高效沟通
制造业	结果导向 团队协作

（二）活动规则

对一个行业的深入研究，有助于掌握整个职业的发展脉络，看到职业发展的全貌，请同学们通过网络引擎来深度了解一个行业，并完成以下表格。

特别提示：

（1）先从中间方格开始填写，再从左上角最大的三家公司开始填写。

（2）然后按照顺时针的方向思考与填写。

（3）最后完成要进入需要什么准备。

该行业最大的三家公司	有哪些重要的职位？	哪些城市发展得最好？
要进入需要准备什么？	行业名称是什么？	它的上下游行业有哪些？
主要客户是谁？	行业增长率如何？	上下游企业有哪些？

【本环节设计目的】为学生探寻"我的职业世界地图"提供可操作的方式，通过小组交流和全班分享深化学生对"我的职业世界地图"的理解，并积极引导学生借助网络开拓自我对于当今时代职业世界地图的新发展。

四、小结

"生涯启蒙"和"认识自我"开启了自我认识，认识时代这个大环境有助于我们找到自身才华"施展的天地"。对于身处高中阶段的我们而言，如何更科学合理地选科，不仅有助于我们坚定自己的梦想，而且有利于激发出我们更大的潜力。

☠ 生涯知识

1.《中华人民共和国职业分类大典（2022版）》

《中华人民共和国职业分类大典（2022版）》是由劳动和社会保障部、国家市场监督管理总局、国家统计局依据《中华人民共和国劳动法》规定："国家确定职业分类，对规定的职业制定职业技能标准，实行职业资格证书制度"联合组织编制，由中国劳动社会保障出版社出版。中央、国务院50多个部门以及有关研究机构、大专院校和部分企业的近千名专家学者参加了《中华人民共和国职业分类大典》的编制工作。

《中华人民共和国职业分类大典》编制工作于1995年初启动，历时4年，1999年初通过审定，1999年5月正式颁布。2010年逐步启动了各个行业的修订工作。2015年7月29日，国家职业分类大典修订工作委员会召开全体会议审议，表决通过并颁布了新修订的2015版《中华人民共和国职业分类大典》。

2022年7月，人力资源和社会保障部向社会公示新修订的《中华人民共和国职业分类大典》。此次大典修订工作是2021年4月由人力资源和社会保障部、国家市场监督管理总局、国家统计局联合启动的，也是自1999年颁布首部国家职业分类大典以来第二次全面修订。

此次大典修订，遵循客观性、科学性、创新性原则，对2015年版大典确立的8个大类总体结构不做调整，具体来说，围绕数字经济、绿色经济、制造强国和依法治国等要求，专门增设或调整了相关中类、小类和职业。与此同时，根据实际，取消或整合了部分类别和职业，如将报关专业人员和报检专业人员2个职业，整合为报关人员1个职业；取消了电报业务员等职业。

据统计，新版大典包括大类8个、中类79个、小类449个、细类（职业）1636个。与2015年版大典相比，增加了法律事务及辅助人员等4个中类，数字技术工程技术人员等15个小类，碳汇计量评估师等155个职业（含2015年版大典颁布后发布的新职业）。

2.《美国SOC标准职业分类系统（2018版）》

标准职业分类系统（Standard Occupational Classification，简称SOC）于1980年首次发布。美国管理和预算办公室创建了SOC修订政策委员会，其目的是创建一个分类系统，所有政府机构和私营企业产生的数据，在这个统一的分类系统下都能比较。

SOC将所有产生工资或利润的职业进行分类。SOC涵盖了国民经济中的所有工作，包括公共、私营和军事部门的职业。所有出于统计目的发布职业数据的联邦机构都必须使用SOC来提高整个联邦计划中数据的可比性。强烈鼓励州和地方政府机构使用此国家系统，用于职业分类和职业分析。

SOC包括6000个常见职业在内，美国劳工部进行了如下划分：根据职业定义，2018版SOC将所有劳动者分成867个详细职业。为了便于分类，再将具有类似工作职责的详细职业，以及在某些情况下具有相同技能、教育和培训要求的详细职业，归类在一起。

2018版SOC的分类结构共有四层，具体是23个主要职业群、97个小组、461个广泛职业、867个详细职业。

生涯人物

巨星何以成为巨星？（节选）
——袁隆平的旨趣、才华与机遇

袁隆平是中国科学家群体中当之无愧的"荣誉之王"，一生荣获20余项国内国际大奖。国内最重要的奖项是首届国家最高科学技术奖（2001年）和共和国勋章（2019年）；国外的奖项，袁隆平自己最看重的是"杂交水稻之父"（1982年）、世界五大"杂种优势利用杰出先驱科学家"之一（1997年）、"世界粮食奖"（2004年）、美国科学院外籍院士（2006年）等几项。"世界粮食奖"的颁奖词中写道："袁隆平教授以30多年卓杰研究的宝贵经验和为促使中国由粮食短缺转变为粮食充足供应作出巨大贡献而获奖，他正在从事的'超级杂交稻'研究，为保障世界粮食安全和解除贫困展示了广阔前景；他的成就和远见卓识，还营造了一个粮食更为富足、粮食安全具有保障的更加稳定的世界。"

从 1973 年发明杂交水稻至 2021 年逝世的近半个世纪中，袁隆平始终站在世界杂交水稻科技的最前列，远远领先于世界各国，其为杂交水稻未来发展提出的战略构想，已成为指引世界杂交水稻研究方向的一盏明灯。就持续的科学创造力和巨大的国际影响力而言，中国当代科学家中罕见。

袁隆平是中国科学家精神的杰出代表，袁隆平精神体现为心有"国之大者"、放眼世界、与个人志趣三者的统一。袁隆平的一生是为保障中国粮食安全、为解决世界粮食短缺、为水稻科技的原始创新及推广应用、为实现个人崇高梦想而连攀高峰、不竭奋斗的一生。

本文尝试对这位科学巨星成功的基本因素作一初步探讨。

一、超常的人生旨趣

关于科学、艺术成就对深层精神品格的依赖，不少大师的观点依然值得关注。苏轼曾言："古之立大事者，不惟有超世之才，亦必有坚韧不拔之志。昔禹之治水，凿龙门，决大河而放之海。方其功之未成也，盖亦有溃冒冲突可畏之患；惟能前知其当然，事至不惧，而徐为之图，是以得至于成功。"苏轼指出，大禹治水的三步是"前知其当然"（治水意义）、"事至不惧"（临危不惧）、"徐为之图"（规划施工），也即大禹治水的成功依赖于价值、勇气与工程技术。作为文学家与思想家的鲁迅指出："非有天马行空的大精神，即无大艺术的产生。"伟大的科学家爱因斯坦对这一问题的认识有一个逐步深化的过程。1920 年，41 岁的爱因斯坦认为："我内心深信，科学探索的发展主要在于满足对纯粹知识的渴求。"这时的爱因斯坦秉持的是求真至上的科技价值观。到 1931 年，52 岁的爱因斯坦呼吁科技工作者应将人类命运放在首位："关心人类自身及其命运，必须永远是一切技术奋斗的主要目标。关心怎样组织人的劳动和产品分配这样一些尚未解决的重大问题，用以保证我们的精神创造能够造福于人类，而不成为祸害。在你们埋头干图表和方程时，千万不要忘记这一点。"5 年以后，在《悼念玛丽·居里》一文中，爱因斯坦更站在人类文明史的高度指出，"第一流人物对于时代和历史进程的意义，在其道德品质方面，也许比单纯的才智成就方面还要大。即使是后者，它们取决于品格的程度，也远超过通常所认为的那样……居里夫人的品德力量和热忱，哪怕只要有一小部分存在于欧洲的知识分子中间，欧洲就会面临一个比较光明的未来。"

"杂交水稻之父"袁隆平，有蜚声中外的科技创新业绩，而与其辉煌成就密切相关的深层人生旨趣，也令人耳目一新。他的许多思想情趣，完全可以用苏轼评唐代画圣吴道子的话来形容："出新意于法度之中，寄妙理于豪放之外。"这些超越世俗，甚至超越时代的思想情趣，是一位伟大科学家留给后人的永恒的精神与人格瑰宝。虽然古今中外科学大师完整的人格特征无不包含真、善、美，但是每个科学大师认识与实践真、善、美的具体方式与建构过程各不相同，从而使大师们呈现出色彩缤纷的人生旨趣。

袁隆平不仅有强烈而早熟的审美情趣，而且早在小学一年级时就对农艺之美情有独钟，以致形成学农的志趣：

"我之所以选择学农，其实缘于从小产生的志趣。那是在汉口扶轮小学读一年级的时候，老师带我们去郊游，参观一个资本家的园艺场。那个园艺场办得很好，到那里一看，花好多，各式各样的，非常美，在地下像毯子一样。那个红红的桃子结得满满地挂在树上，葡萄一串一串水灵灵的……当时，美国的黑白电影《摩登时代》也起到推波助澜的作用。影片是卓别林演的，其中有一个镜，窗子外边就是水果什么的，伸手摘来就吃，要喝牛奶，奶牛走过来，接一杯就喝，十分美好。两者的印象叠加起来，心中就特别向往那种田园之美，农艺之乐。从那时起，我就想长大以后一定要学农了。随着年龄的增长，愿望更加强烈，学农变成了我的人生志向。到了考大学时，父亲觉得学理工、学医前途应该会很好，但我却想学农。母亲也不赞成我学农，她说学农很辛苦，那是要吃苦的，还说要当农民啦，等等。我说我已经填报过了，还说她是城里人，不太懂农家乐，有美好的地方她没看到。我说我以后办了园艺场，种果树，种花卉，那也有农家乐……父母最终是尊重我的选择，我如愿以偿地进入私立相辉学院的农艺系……1950年，经过院系调整，私立相辉学院与四川大学的相关系科、四川省立教育学院的农科三系合并组建为西南农学院。"

袁隆平这段回忆，接连用了"非常美""十分美好""田园之美""美好的地方"等词，四次赞美农艺之美，少儿时期的袁隆平对农艺之美的敏感与强烈是异乎寻常的。这不禁使人想起爱因斯坦少儿时期对物理现象与数理逻辑的异常敏感与惊奇："当我还是一个四五岁的小孩，在父亲给我看一个罗盘的时候，就经历过这种惊奇。这只指南针以如此确定的方式行动……我现在还记得，至少相信我还记得，这种经验给我一个深刻而持久的印象。我想一定有什么东西深深地隐藏在事情后面……在 12 岁时，我经历了另一种性质完全不同的惊奇：这是在一个学年开始时，当我得到一本关于欧几里得几何的小书时所经历的。这本书里有许多断言……虽然并不是显而易见的，但是可以很可靠地加以证明，以致任何怀疑似乎都不可能。这种明晰性和可靠性给我造成了一种难以形容的印象。"袁隆平与爱因斯坦早年对新鲜事物的敏感性是如此强烈，具体指向又是如此不同，一个指向农艺，一个指向数理。而且切入路径又是这样分歧，一个偏爱审美，一个偏爱理性思维。但不同的敏感指向和切入路径又使袁隆平和爱因斯坦殊途同归，进入科学技术的大门，最终成长为物理学与农学的超级巨星。

袁隆平与爱因斯坦都在童稚之年遇到了激发独特天赋的客观机遇，又都在没有家庭职业背景、远离学术中心、缺乏名师指导的条件下成长为科学巨星。这对学校与家庭的人才培养或有重要的启迪，并可与广为流传的鲁迅关于家庭职业背景的观点相互补："读书人家的子弟熟悉笔墨，木匠的孩子会玩斧凿，兵家儿早识刀枪，没有这样的环境和遗产，是中国的文学青年的先天的不幸。"袁隆平出身于文科知识分子家庭，父母工作与农学毫无关系。爱因斯坦出身于一个工厂主家庭，父亲只有职业高中学历。有人企图从家庭背景方面寻求爱因斯坦成功的原因，爱因斯坦对此予以否定："是好奇心、顽强的信念和坚忍不拔的精神，使我最终实现了我的理想……想从我祖辈那儿得到什么启示，不会得到什么结果。"应该说，优良天赋（内因）在适当条件（机遇）下的充分施展，是成才的根本原因。家庭背景对于人才成长，确有影响，但是有限。因家庭职业背景导致子弟发展"不幸"的情况，或许存在，但袁隆平与爱因斯坦的案例表明，影响因人而异，不可一概视为"先天的不幸"。只要本人具备合适的主客观条件，家庭职业背景的影响并不重要。

农艺美感的早熟、强烈与执着，表明袁隆平有异乎寻常的人生旨趣，内含一种独特的天才萌芽，但是稚嫩天才萌芽还需沃土的滋养。面对中国农村的贫困与农民的吃饭问题，年轻人的态度是如此的不同：无数的年轻知识分子，望而却步，不敢进入农门，却激起青年袁隆平坚定、崇高的远大理想。中国解决粮食问题迫切而巨大的需求，成为这位农学天才萌芽茁壮成长的沃土。

据袁隆平回忆，有两次亲身经历的事件，使其从个人农艺审美的境界升华到为国分忧、献身农业的思想高度：

第一次是中华人民共和国成立初参加农村土改。"1952年农学院的学生也要到农村去土改，那是真正深入到农村，住在农民家，这时才知道真正的农村是又苦又累又脏又穷的……那时候我是有点雄心壮志的，看到农民这么苦，我就暗下决心，立志要改造农村，为农民做点实事。我认为我们学农的就应该有这个义务，发展农业，帮助农民提高产量，改善他们的生活。实际上，看到农村贫穷落后的状态，反而让我找到了自己所学知识的用武之地。再加上小时候目睹了中国饱受日寇的欺凌，我深深地感到中国应该强大起来。特别是新中国诞生后，觉得中国人民真的是站起来了，我们也要做一番事业，为中国人争一口气，为自己的国家做贡献，这是最大的心愿。所以，我感到自己肩上应该有担子。"

第二次是经历的三年困难时期。"在1960年前后，我们国家遭遇三年困难时期，闹大饥荒……让我深切体会到了什么叫作'民以食为天'，深深感受到了粮食的重要性。没有粮食太可怕了！没有粮食，什么都谈不上，什么事情干不成！粮食是生存的基本条件、战略物资……面对全国粮食大规模减产，几乎人人吃不饱的局面，作为一名农业科技工作者非常自责。本来我就有改造农村的志向，这时就更下了决心，一定要解决粮食增产问题，不让老百姓挨饿！"

随着杂交水稻蜚声世界及国际推广，袁隆平的情怀与心愿也从家国扩展到世界，人生境界再次升华。1998年12月，有人采访袁隆平，问及有生之年最大的愿望是什么？袁隆平答道："我有生之年有两大愿望：第一个愿望是要把超级杂交水稻培育成功，并且应用在生产上；第二个愿望是把杂交水稻推向世界，造福全人类。"袁隆平还曾用一幅题词来表达自己最大的心愿："发展杂交水稻，造福世界人民"。题词现已成为湖南杂交水稻研究中心的宗旨。袁隆平的精神境界与光辉业绩，无愧于保尔·柯察金在《钢铁是怎样炼成的》一书中的名言。虽然有很多人曾受名言的激励而立下宏愿，但袁隆平无疑是真诚而成功践行名言的榜样之一。他在晚年欣慰地对采访者辛业芸说："保尔·柯察金的话是人生的最好总结。人最宝贵的是生命，生命对每个人只有一次。人的一生应该这样度过，当他回首往事的时候，不因虚度年华而悔恨，也不因碌碌无为而羞愧。这样，在临死的时候，他就可以说'我的一生都献给了最壮丽的事业——为人类的解放而斗争'。我年轻的时候，他的话感动了我，也激励了我的人生。"

大爱情怀如此强烈的袁隆平，没有选择直接创造美的园艺或直接改造社会的事业，却投身于艰辛的求真事业——农业科技研究，并在求真活动中收获惊喜与快乐。将真、善、美多维价值汇于一身的袁隆平，在艰辛的农业科技研究中所得到的乐趣，是常人无法体验，甚至是难以想象的："学农有学农的乐趣，我就是乐在苦中啊！只要有追求，有理想，有希望在吸引着你，你就不会觉得苦……我的体会是，一旦有好的苗头，有好的新品种出来，就算工作再辛苦一点，心里面也感到很快活。搞出来一个好东西时，心理上的那种欣慰、快乐，是很难用言语形容的，真是其乐无穷。科学上有新发现、技术上有新发明，这是科技工作者人生很大的一种快乐。"

这样超常的高远人生旨趣，使袁隆平许多行为举止、喜怒哀乐与众不同，超凡脱俗。20世纪90年代，中国曾盛行"下海"，其中，有不少人看重物质利益，信奉金钱至上。袁隆平当时有机会轻松挣大钱，却信守家国至上、科研第一的人生旨趣，潜心一志地献身于祖国的杂交水稻事业，不为名利双收的联合国粮农组织（Food and Agriculture Organization of the United Nations，简称FAO）顾问所动："1992年我去印度当FAO顾问。那时FAO给我的待遇很高，住五星级宾馆，1天500多美元，1个月是1万多美元，要我在那里呆3个月至半年。结果我3个礼拜就回来了。因为当时国内两系法杂交稻的研究正处于关键时期，正需要大家共同努力，攻克难关，所以我不可能把时间花在国外享受优厚的待遇上。"1998年6月24日，湖南省四达资产评估事务所宣布，评定"袁隆平品牌"的无形资产价值为1，008.9亿元。袁隆平接受采访时，问他有没有在家里谈论这件事，袁隆平回答说："从来没有谈，我对这个看得非常淡薄。我现在的思想主要集中在我的研究上面，对这个问题根本没有考虑。"袁隆平本是一位孝子，但有时不得不为家国而牺牲小家。"1989年母亲在安江病危，那时我正在长沙参加一个杂交水稻的现场会任主持人，急得我开会中每两小时打一次电话回去问病情。我知道这是最后的时刻，但又动不了，心中希望母亲能撑住一两天。会一结束，我马上往安江赶，可在路上便接到母亲去世的消息；赶到安江农校，我从车上跳下，就扑在母亲身上大哭。对我一生影响最大的还是我的母亲，我捶打胸口，痛惜来晚了。"

在追求真、善、美的大格局下，袁隆平人生旨趣中还有一个非常突出的特点—个性自由。科技工作者的个性自由与创造性之间，究竟有怎样的联系？这个令人困惑的问题值得深入探讨，本文尝试在此稍做论述。

2021年9月24日《中国科学报》在头版发表了中国科学院院士、美国科学院院士王晓东的访谈录——《科学家需要什么样的"自由"》一文，引起了科技界的广泛关注。王晓东指出："科学家是人类大部队的'侦察兵'，走在人类认知的最前沿，去探索各种可能的道路。历史上，这些探路者绝大部分都'死'掉了——科学家在探索的过程中很少能取得真正的成功；甚至哪怕方向对了也有可能多年看不到胜利的果实。因此，科学家最怕的是，在这条本就很艰难的探索之路上，再套上重重枷锁：只能走这条路，不能走那条路；只能带两天干粮，第三天饿了再来申请……戴上这么多镣铐，怎么能为人类大部队探索出前所未有的新方向？……科学家要的'自由'很简单。首先，他有权去做自己认为正确的事，不必事事征求别人的意见，特别是不必听取外行的意见；其次，他能获得必要的资源去做想做的事……科学和技术在我们的语境里常常是不分家的。但在管理上，它们应该有明显区分。对探索性研究，就像我刚才说的，应该给予资源和思想上的高度自由。但涉及技术研发，则必须有清晰的阶段性目标，有对阶段性成果的考核。"

王晓东院士强调，管理环境应给予科学家以"外在自由"，而爱因斯坦更强调科学家的"内在自由"："科学的发展，以及一般的创造性精神活动的发展还需要另一种自由，这可以称为内心的自由。这种精神上的自由在于思想上不受权威和社会偏见的束缚，也不受一般违背哲理的常规和习惯的束缚。这种内心的自由是大自然难得赋予的一种礼物，也是个人值得追求的一个目标。但社会也能做很多事促使它实现，至少不该去干涉它的发展。"

袁隆平是一位典型的"外谦内放"的科学家，在科学探索的道路上，享有高度的"内心自由"。但是这样高度内心自由的素养，绝非在杂交水稻研究时突然产生的，而是植根于袁隆平超常自由个性的深厚土壤之中。

在回忆学生时代的自述中，袁隆平毫无保留地坦陈自己的个性特征是

"自由散漫"："我是这种凭兴趣和爱好的性情，到毕业（指大学毕业——引者）时，他们说要给我一个鉴定：爱好——自由，特长——散漫，合起来就是自由散漫。说实在话，直到现在我也还是这样。我不爱拘礼节，不喜欢古板，不愿意一本正经，不想受到拘束……我思想比较开放，喜欢过自由自在的生活。"有这种自由开放、不喜古板思想性格的学生，与按部就班、成绩导向的学生相比，在读书理念、方法与效果上，有巨大的差别。一是注重兴趣，有所不为而有所为。袁隆平大学时期的成绩呈明显的两极分化，不喜欢的学科只求及格，而有兴趣的学科则是优良。"他大一下学期期末考试的各科成绩，国文 64 分，植物学 65 分，普通化学 60 分，农场实习 67 分这都是及格的成绩，而他良好的成绩则是地质学 88 分，农业概论 88 分，气象学 84 分，达到 90 分以上的只有英文（93 分）。"事实上，考试成绩与真正掌握学问之间不能画等号，有时甚至有巨大的鸿沟。陆游晚年教导儿子的诗句值得读书人深思："纸上得来终觉浅，绝知此事要躬行。"二是善于独立思考，喜欢提出问题。在中学读书时，袁隆平曾对数学中的"负乘负得正"和物理学的爱因斯坦质能方程 $E=MC^2$ 提出"为什么"的疑问。"想弄个究竟，为此费了不少脑筋，花了很多时间。"虽然作为中学生不可能透彻地理解这些问题，但是培养了宝贵的独立思考习惯。笔者于 2007 年曾采访袁隆平，谈及成才问题时，袁隆平对梁启超启示儿子梁思成关于"规矩"和"巧"的观点深有共鸣："凡学校所教与所学，总不外规矩方面的事，若巧，则要离了学校方能发现。规矩不过求巧的一种工具，然而终不能以此为教……终日在师长指定的范围与条件内用功，没有自由发挥自己的灵性的余地。"袁隆平的自由个性，使其在求学时代就与刻板的规矩有天生的距离，而兴趣出发、轻重有别、独立思考的眼光与做法，已是未来可成大器的先兆。

　　袁隆平的自由个性与奇迹创造之间的关联发人深省。袁隆平可说是工业化时代以来形成的批量化培养人才的教育体制的挑战者。爱因斯坦指出："我认为，残毒个人是资本主义最大的恶，我们整个教育体制都为其所害。学生被灌输了过度的竞争态度，被训练去崇拜物质上的成功，以此为未来职业做准备。""学习事实不很重要。为这个不用上大学。那些东西可以从书本里学到。文理学院教育的价值，不在于学到多少事实，而在于训练头脑，使之能思考书本里没有的东西。""教师的最高艺术,是唤起学生创造性表达的快乐和求知的快乐。"对于爱因斯坦所批判与期望的人才培养目标与方式,袁隆平无疑是一位类似于爱因斯坦的敢吃螃蟹的先行者,也是一位幸运的成功者。今天更为难能可贵的是,作为一位以应用研究为主而兼顾基础理论问题研究的农学大师,在晚年回顾自身成功经验时,坦诚地说出了自由与科研、创新的内在联系:"我觉得思想自由对科学研究、对创新是很重要的。在学术上我不主张做书呆子,而要发挥自由思想……作为一名科技工作者,科学研究中要敢于质疑,提出问题比解决问题更重要。质疑是科学研究的出发点、技术创新的原动力和获得成功的先决条件。尊重权威,但不迷信权威;多看书,但不迷信书。也不要害怕冷嘲热讽,不要害怕标新立异,要敢想敢做敢坚持……思想状态上对'自由自在'的追求,可能给了我很大的帮助,使我可以专心致志搞研究,给我提供了一个较为宽阔的空间。"超乎许多人的想象,袁隆平还是一位深刻的科学思想家。

……

二、多重的机遇垂青

对于成功的"秘诀",袁隆平的体会是八个字:"知识、汗水、灵感、机遇"。关于"机遇",袁隆平有哲学层次的深入认识。在谈及野生水稻"野败"的发现时他指出:"有人讲李必湖等发现'野败'只是靠运气,这里有一定的偶然性,但必然性往往寓于偶然性之中。一是李必湖是有心人是专门来找野生稻的;二是他有这方面的专业知识。当时全国研究水稻雄性育时间比较长的,只有李必湖、尹华奇和我,所以宝贵的材料只要触到我们的手,就能被一眼识破。别人即使身在宝山中,也不见得识宝。这就是李必湖发现'野败'的必然性。"袁隆平关于"野败"发现机遇的辩证认识,原则上适用于杂交水稻发明过程中所有的机遇。机遇作为成功的重要因素,必以相应的主观条件为前提。

(一)丰饶的水稻资源

杂交水稻发明的一个重要条件,是杂交父母本的亲缘关系较远,从而能产生明显的杂交优势。中国不仅是水稻原生地,而且地域辽阔、地形多样、气候各异,由此保存、培育了多样化的栽培稻与野生稻品种。"我国国家作物种质库中保存的水稻种质超过 5 万份",这为中国杂交水稻育种团队的发明创造所需的种质材料，提供了无限的可能性，中国在这方面提供的发明机遇远超农业科技发达的日本。"1968 年，日本的新城长友已经成功实现粳稻的三系配套，但因为没有表现出明显的优势，不能用于大田生产。而我们设计籼型杂交稻的技术路线时，构想'把杂交育种材料亲缘关系尽量拉大，用一种远缘的野生稻与栽培稻进行杂交'，以突破优势不明显的关隘。按照这一思路，我带着助手们去云南、海南寻找野稻，找到'野败'，打开了突破口。"在发明杂交水稻过程的第一轮较量中，日本农学家捷足先登，但是最终完成杂交水稻发明的却是袁隆平团队，中国丰饶的水稻资源功不可没。

（二）强烈的社会需求

中国以不足世界一成的耕地，养活占世界二成多的人口，加上农业科技不发达与各种灾害，粮食不足曾是困扰中国的严重问题。新中国成立以后，农业科技与国防科技一样，受到全社会和各级领导的高度重视。袁隆平高考时，以审美观念与浪漫情趣报考农业院校的决定，无意中切合了中国对农业科技进步的强烈需求。大学毕业分配到僻地山野的安江农校后，虽然有扼杀袁隆平科学试验的"5·18 毁苗事件"，但同时也有坚定支持袁隆平育种试验研究的各级领导。1966 年初发表于权威刊物《科学通报》的论文《水稻的雄性不孕性》，未能扭转周围关于农业科技的落后观念，但是远在北京的国家科委赵石英局长慧眼识珠，发函黔阳地区科委与安江农校，要求支持袁隆平的水稻育种试验。赵石英的雪中送炭，保护袁隆平安心顺利地发明了三系法杂交水稻。而另一位领导干部——时任湖南省农科院副长并分管科研工作的陈洪新，又为杂交水稻大规模地迅速推广作出了卓越的贡献。杂交水稻的进一步发展，还受到党和国家最高领导人的关心和支持，"连续四任总理，都极其重视杂交水稻发展，支持杂交水稻中心的建设，前后以总理基金项目形式，已共计拨款到位 9000 万元"。就相逢强烈的社会需求而言，袁隆平的农业科技生命，可谓生当其时，而其兴趣与才华，也无愧时代，用当其所。

（三）开放的遗传研究

水稻育种的生物学理论基础是遗传学。在中国遗传学学术界曾流行两种不同的理论：米丘林、李森科的获得性遗传论与孟德尔、摩尔根的基因遗传论。新中国成立后，苏联米丘林、李森科的理论成为遗传学界的主流。袁隆平的幸运是，大学时代有位管相恒教授，信奉更为科学、深刻的遗传基因学说，对袁隆平有不小的影响，使袁隆平对两种遗传学说保持客观清醒的头脑，没有完全倒向占主流地位的李森科学派。到安江农校工作不久，1956年8月在青岛召开了影响深远的遗传学座谈会，"会上，李森科学派、摩尔根学派两派学者陈述自己的观点，展开争论。几年来遭受批判、被迫停止授课和研究工作的摩尔根学派的遗传学家，第一次在会上畅所欲言。李森科学派的遗传学家在阐述自己学术观点的同时，也批判了李森科的某些错误。这次座谈会被学术界认为是贯彻'百家争鸣'的典范，是中国生物学、特别是遗传学发展的一次历史转折"。这一学术惊雷，身处千里之外偏僻处的袁隆平虽然不能直接听到，但间接的影响却使袁隆平受益匪浅：将1960年田间发现的"鹤立鸡群"稻株，正确理解为天然杂交水稻；1962年暑假自费赴北京，向遵从摩尔根学说进行育种研究的高级专家鲍文奎教授请教；1964年到稻田大海捞针般地寻找雄性不育株，并成功发现6株珍贵雄性不育材料；1966年发表论文《水稻的雄性不孕性》，等等。万事开头难，二十世纪五六十年代，若未遇上自由开放的遗传学研究氛围，袁隆平不可能迈出发明杂交水稻关键性的前几步。

（四）自主的小微平台

在中国与世界科技界，都有在远离学术中心、没有名师指导的小微平台上，突破传统、开辟方向、创造奇迹而震惊世界的科技奇才。从卑微中起步走向成功的人虽然不多，但多是超一流的人才，对学科专业、经济社会、国防建设等产生重大而深远的影响。国际上，爱因斯坦在伯尔尼专利局一举独创相对论。居里夫妇则在"三无"（无钱、无实验室、无助手）条件下以"一间废弃的木棚"做实验室，用一根"大铁棒去搅动沸腾着的沥青铀矿"，加上一定的仪器分析，发现了钋和镭两种放射性元素。研究条件虽然恶劣，但居里夫人回忆说："我觉得满意的是，没有人前来打扰，我们可以安安静静地做我们的实验。"

袁隆平在回顾自己的科研历程时说，"刚开始研究杂交水稻的时候，不论是技术条件还是方面都是不行的。我在安江农校就是一个普通的中等农校的教师，人家都是瞧不起的"。但是，从科学史视角研究袁隆平的成功之路，不能忽略的一点是，安江农校作为穷乡僻壤的一个小微科研平台，是一把双刃剑。

固然有袁隆平所说的不利条件，但也有极其宝贵的自主空间：远离学术中心，没有名师指导，同时也就没有学术权威的制约，没有不可动摇、根深蒂固的旧传统的束缚。年青的科技人才只要有新颖正确的科学思想，至少在科研路径、规划、方法等科学内在问题上不受干扰，但可能存在非科学本身的外在压力。这与学术中心显赫的科研平台的情形颇为不同：年青有才华的科技人才的科学新思想若与权威一致，可能被纳入一个庞大的体系而受到束缚；若不相同，可能受压制。无论何种情形，都不可能如居里夫人所言：没有人前来打扰，可以安安静静地做实验。二十世纪六七十年代，世界上有国际水稻研究所，还有数不清的国家级与省、地级农科院所，以及众多的高等农业院校，高素质的科研人才不计其数。但是唯有中国安江农校的袁隆平独辟蹊径，发明了杂交水稻。究其原因，有自主的科研平台，虽不是唯一条件，但也是科研人员难得一遇的重要条件。可以毫不夸张地说，自主的小微平台是忧患之中的绝佳机遇，玉成袁隆平迈出了科研早期关键而坚实的步伐，最终超越国际水稻研究所与日、美的高级专家，独步水稻育种领域，成为"杂交水稻之父"。

——节选自朱亚宗发表于《高等教育研究学报》2021 年第 4 期（总第 205 期）

第二节 选 科

——兴趣成绩皆相宜

命名说明："兴趣和成绩"是本节课的核心词。在了解了"时代——我的才华施展天地"后，使学生在选科中根据自身对于当前时代的深入认识，再结合自己的兴趣和成绩，既成为当前合理选科的关键，也是为自己未来更好地生涯发展奠基。而对于如何科学选科，笔者秉承"兴趣成绩皆相宜"的观点。那么，如何引导学生在选科中兼顾"兴趣和成绩"，本节课将通过一系列活动让学生有一个清晰的认识。

活动目标：

（1）引导学生积极参与探讨和交流，并能坦诚分享在活动中的各种体会。

（2）通过活动引导学生解决合理兼顾"兴趣导向"与"成绩优先"的困惑。

（3）引导学生熟练掌握SWOT（Strengths，Weakness，Opportunities，Threats）工具，进行合理选科。

活动地点：教室。

活动所需材料：A4纸（100张，每人2张）、水性笔1支/人。

课前分组：随机分组（8组为宜，5~6人/组）。

热身歌曲：《天地由我》。

一、热身活动

导入语：作为个人，我们会为自己未来的生涯发展进行各种规划，站在国家发展、民族复兴的角度，我们的政府也在为积极地培养出既有民族精神，又有世界眼光的时代新人努力探索。

在此背景下，选科走班就成为更好引导人才成长的重要政策。这一政策，为我们长期习惯于简单的文理分科的思维提出了巨大挑战。在这个政策中，促使我们更好地认识自我，科学地分析自我优劣势，进而为了自我未来的发展而进行合理的选科。

【本环节设计目的】通过简要地概括选科的背景，引导学生积极面对"选科走班"的新变化。同时，引导学生尽快调整以往简单文理分科的固有思维，积极适应新招考改革的变化，为自己的未来做更好的生涯认识和规划。

二、"新高考选课走班"的历程

（一）如何看待"新高考选课走班"的历程

1. 改革之路实属不易

从 1977 年 11 月到 12 月期间，全国恢复高考开始，高考分文理两类直到即将全面铺开的新高考。一路走来，我们经历了"3+1""3+2""3+X""3+1+文科基础 / 理科基础""3+ 文科综合 / 理科综合"，到现在即将开启的"六选三""七选三"。

真正打破文理分科，我们用了近半个世纪。

2. 在继承中自我革新

我们始终重视语文、数学这两门基础学科，探索通过高考科目选择为高校培养更有专业价值的学生。对于英语学科，我们处于一种想改，但又不得不兼顾现实的矛盾中。

3. 顺应大势，努力发展

"钱学森之问"促使我们审视自身，学习世界，真正发现教育的本真。它是我们教育界追赶先进国家的一种内在焦虑和动力。

（二）"新高考选课走班"的积极意义

（1）新高考选课走班从本质上给予了每个学生更多的选择。

（2）新高考选课走班从本质上会促使每个学生更深入地认识自己、更合理地做出抉择。

（3）新高考选课走班从本质上促使教师努力朝着更加专业化的方向自我发展。

【本环节设计目的】简要介绍"3+1+2"模式改革历程，有助于帮助学生对于国家招考改革政策变革有一个更全面深刻的认识。这为接下来引导学生将个人选科与国家民族发展更好地融合奠定了基础。

三、影响一生的选择——选科（选专业）

（一）"3+1+2"模式

"3"即统一高考科目语文、数学、外语3门；"1"和"2"为选择性考试科目，其中"1"指从物理或历史科目中选择1门首选科目，"2"指从思想政治、地理、化学、生物学中选择2门再选科目。

考生高考总成绩由3门统一高考成绩和3门普通高中学业水平选择性考试成绩构成，满分750分。其中，3门统一高考科目使用原始成绩计入考生的总成绩，每门满分150分，不分文理科，使用全国Ⅰ卷；1门选择性考试中首选科目（物理或历史）使用原始成绩计入考生的总成绩，每门满分100分；2门再选科目采用的则是等级赋分，满分各100分（以等级转换分计入高校招生录取总成绩），起点赋分30分，划分为五个等级——A，B，C，D，E。其中，高等级人数所占比例分别是15%、35%、35%、13%、2%；分别转换到100～86分、85～71分、70～56分、55～41分、40～30分。这样设计主要是从两个层面考虑，学科层面——抹平学科难度不同的分数差异；试题层面——抹平试题难度不同的分数差异，让高考成绩更加公平。

【本环节设计目的】简要介绍"3+1+2"模式的核心要点，有助于帮助学生对于这种模式有一个更全面深刻的认识。这为接下来引导学生合理选科奠定了基础。

（二）选科与专业覆盖

（1）物化生组合专业覆盖率：97.40%。

该组合为传统高考中理科中的三科，专业覆盖率极广，除少数要求必选历史等科目的专业之外，大部分的专业都可以选择。

代表专业：计算机科学与技术、电气工程及其自动化、机器人工程等。

代表大学：清华大学、上海交通大学、北京航空航天大学等。

（2）物化政组合专业覆盖率：98.93%。

该组合在加入了政治科目后，加大了部分文史类专业可以报考的概率，也为毕业之后想考取公务员或考研的考生们提前奠定了基础。

代表专业：国际经济与贸易、法学、行政管理等。

代表大学：北京大学、中国政法大学、对外经济贸易大学等。

（3）物化地组合专业覆盖率：95.84%。

地理被称作文科中的理科，与物理和化学两科有一定的关联度，考生学习起来更为轻松，而且专业覆盖率也很高。

代表专业：建筑学、城乡规划、风景园林等。

代表大学：同济大学、中国农业大学、东南大学等。

（4）物政生组合专业覆盖率：87.66%。

生物被称为理科中的文科，内容和知识点主要以背诵和记忆为主，在学习方法上和政治较为类似。该组合中，物理的加入确保了专业的覆盖面。

代表专业：工商管理、生物工程、物流管理等。

代表大学：东北财经大学、西安交通大学、华中科技大学等。

（5）物生地组合专业覆盖率：87.61%。

生物和地理都是比较"中性"的科目，在学习上既需要文科生的理解和背诵能力，也需要理科生的逻辑思维能力。不过，它们的学习难度都不算很大，比较容易得分。

代表专业：旅游管理、中医学、预防医学等。

代表大学：中山大学、北京中医药大学、武汉大学等。

（6）物政地组合专业覆盖率：82.19%。

该组合中的物理和政治学习难度都很大，物理要求具有很高的逻辑思维能力，而政治则要求有很强的背诵理解能力。一般来说，选择这种组合方式的考生大多不太喜欢理科，但为了拓宽专业面还是放弃了历史而转向物理。

代表专业：法学、新闻学、应用心理学等。

代表大学：北京师范大学、中国人民大学、华南师范大学等。

（7）史化政组合专业覆盖率：51.92%。

化学不具备很强的理科属性，是理科中比较好学的科目。而历史和政治都是典型的文科组合，两者无论是学习内容还是学习方法关联都比较大。不过缺少物理的组合搭配专业覆盖率会大大减小。

代表专业：考古学、汉语言文学、教育学等。

代表大学：四川大学、东北师范大学、华东师范大学等。

（8）史化地组合专业覆盖率：50.71%。

由于没有物理，该组合的专业覆盖率并不是很高。不过这三科的学习都注重理解和记忆，在学习方法上有一定的相通性。

代表专业：财务管理、广告学、历史学等。

代表大学：厦门大学、中国传媒大学、西北大学等。

（9）史政生组合专业覆盖率：46.96%。

生物虽然是传统高考中的理科科目，但学习方法多以理解和背诵为主，与历史和政治的学习方法比较类似。不过，政治和生物拿高分的难度都比较大，不太利于赋分。

代表专业：电子商务、林学、思想政治教育等。

代表大学：北京邮电大学、西北农林科技大学、兰州大学等。

（10）史化生组合专业覆盖率：50.25%。

选择该组合的一般都是物理成绩非常不好，但是对化学和生物并不讨厌的考生。因为没有选择物理，该组合的专业覆盖率会受到影响。

代表专业：药物分析、康复治疗学、学前教育等。

代表大学：中国药科大学、首都医科大学、华中师范大学等。

（11）史生地组合专业覆盖率：46.26%。

该组合需要记忆的知识点很多，考生需要擅长背诵。生物虽然是传统高考里的理科科目，但一直都被认为是理科中的文科，所以这三者的学习方法比较相通。

代表专业：地理科学、社会工作、酒店管理等。

代表大学：南京大学、复旦大学、天津商业大学等。

（12）史政地组合专业覆盖率：50.50%。

该组合为传统高考中的文科组合，科目之间关联度比较大。不过，选择该组合的人数比较多，所以竞争压力比较大。

代表专业：哲学、资源管理类、教育学等。

代表大学：吉林大学、南京农业大学、陕西师范大学等。

【本环节设计目的】通过"3+1+2"模式下12种学科组合特点及代表性专业和大学的介绍，帮助学生对12种学科组合特点及代表性专业有一个更全面的认识，这为接下来帮助学生结合个人各科学习情况及个人兴趣进行选科打下了基础。

（三）运用工具，合理选择

SWOT分析是基于内外部竞争环境和竞争条件下的态势分析，是将与研究对象密切相关的各种主要内部优势、劣势和外部的机会、威胁等，通过调查列举出来，并依照矩阵形式排列。然后，运用系统分析的思想，把各种因素相互匹配起来加以分析，从中得出一系列相应的结论。这个结论通常带有一定的决策性。

运用这种方法，可以对研究对象所处的情景进行全面、系统、准确的研究，从而根据研究结果制定相应的发展战略、计划以及对策等。

S（Strengths）是优势、W（Weaknesses）是劣势、O（Opportunities）是机会、T（Threats）是威胁。根据个人竞争战略的完整概念，这个战略应是一个人"能够做的"（即我的强项和弱项）和"可能做的"（即环境的机会和威胁）之间的有机组合。

活动规则：

（1）每个学生在分发的A4纸上绘制SWOT分析表，并结合表中要求梳理和分析自我优劣势、机会及风险。

（2）将自己的SWOT分析分享给组内同学，并需说明相应原因。

（3）根据自身分析，并结合组内同学的建议，初步确定自己喜欢或合适的学科组合。

内部能力 ⟍ 外部要素	自身优势（Strengths） 1. 2. 3. 4.	自身劣势（Weaknesses） 1. 2. 3. 4.
机会（Opportunities） 1. 2. 3.	SO 1. 2. 3.	WO 1. 2. 3.
风险（Threats） 1. 2. 3.	ST 1. 2. 3.	WT 1. 2. 3.

【本环节设计目的】引导学生通过学习和掌握 SWOT 分析表，梳理和分析自我的优势、劣势、机会及风险，进而为眼前的选科做好充分准备，同时为未来的生涯规划做准备。

四、小结

通过了解"3+1+2"模式的改革历程，再加上对于各种组合学科特点及个人优劣势的分析，相信大家一定对于自己的未来有了更深入、更具体的认识。接下来如何积极调动自己拥有的各种资源，需要我们进一步探讨和思考。

▣ 生涯人物

从木匠到巨匠：齐白石的人生与艺术

吕晓　北京画院理论研究部副主任

齐白石生于清朝同治二年（1864），逝于 1957 年，一生经历了清末、民国和新中国三个时期，在近百年的漫长人生中，他从一个乡间的放牛娃到走街串巷的雕花木匠，再从民间画师到文人画家，最后成为一代艺坛巨匠，他的一生充满传奇，我们想了解齐白石，就一定要把他的艺术和人生经历紧密地结合起来。

从放牛娃到"芝木匠"

1864 年 1 月 1 日，齐白石出生在湖南省湘潭县白石铺一个穷苦的农民家中，是齐家的长子。祖父按照齐家族谱派名的方法，给他起名为"纯芝"，祖母总是亲切地唤他"阿芝"。由于家境贫寒，阿芝只在外祖父的蒙馆里读了半年多的私塾便被迫辍学回家分担家务了。10 岁的阿芝天天带着弟弟赶牛上山，但他常把书挂在牛犄角上，等自己捡足了牛粪，拾够了柴火便抽出时间温习旧读的几本书。这种刻苦自学的精神为齐白石后来的成功打了下最初的基础。因此，晚年时，齐白石还自刻了一方"吾幼挂书牛角"的印章来纪念自己童年的这些往事。

14 岁时，父亲开始教阿芝扶犁、插秧等农活。由于自幼体弱多病，阿芝无法承受，家里便商量让他学一门手艺以便养家糊口。次年，阿芝拜本家叔祖齐仙佑为师学习"粗木作"，后来又跟着雕花木匠周之美改学"小器作"。不同于一般的乡间木匠，阿芝在学会基本的雕刻技巧后，便不愿遵循千篇一律的传统花样，总是想着出新创造。一个偶然的机会，阿芝在一个主顾家发现一部乾隆年间刻印的五彩套印《芥子园画谱》，这是清初沈心友、王概等人编绘的一本中国画技法教科书，问世后即影响了一代又一代的画家，这本书也将阿芝引入了中国画的殿堂。他在下工之余，花费半年的时间将之勾影下来，并以此为基础，在雕花时创造出更多的新花样，很受主顾的欢迎，成为远近闻名的"芝木匠"。

廿七年华始有师

1889 年，当地的乡绅胡沁园见芝木匠天资聪明，又勤奋好学，便主动收他为徒，悉心教他学习工笔花鸟草虫，还请家里的家庭教师教他山水画和诗文等，并鼓励他"以画养家"。胡沁园还为他取了一个单名"璜"，别号"白石山人"，以备将来题画之用，这就是"齐白石"名字的来历，而他的本名"齐纯芝"几乎没有人知道了。授业济困赐名，胡沁园可谓是齐白石艺术道路最初的引路人。此后，齐白石逐渐抛弃斧凿，成为一位民间画师。通过胡沁园，齐白石还结识了湘潭互为姻亲的望族——胡、黎两家的子弟，结诗社、学篆刻，他们中的很多人成为齐白石一生的挚友，对他产生了极大的影响。

1899 年，一代经学大师王湘绮也主动收齐白石为门生，齐白石常随侍王湘绮参加一些文人雅集，在提高文学修养的同时，王湘绮的身名以及与众多王门弟子的交往为齐白石今后的发展提供了更为广泛的社会关系网络。

五出五归

中国历代文人都讲究"行万里路，读万卷书"。齐白石在 40 岁以前很少离开湘潭，对于一个职业画家来说，株守家园毕竟见识有限，如果能够领略各地风土人情，开阔视野，无疑对艺术创作会有所帮助。1902 年，齐白石的好友夏午诒请他去西安做家庭教师，齐白石开始了第一次远游。他在西安认识了时任陕西桌台的大诗人樊樊山，樊樊山为他制定了润格，并推荐他去北京任宫廷画师。但淡于名利的齐白石婉拒了他的好意，次年到北京后不久便悄然辞别好友返家。此后，齐白石先后又有四次远游，到过江西、上海、江苏、广西、广州、香港等地，走遍了大半个中国，后来他将这五次游历称为"五出五归"。五次远游对齐白石的意义不仅在于得到丰厚的报酬、结识了知己，更重要的是一路舟车慢行，使他领略了沿途壮美的风光，他不仅目识心记，而且随手做了许多画稿，为他脱离画谱程式化的图式和晚清陈陈相因的"四王"山水，直接从真山真水中取材，创立自己的山水画风格奠定了基础。他在远游过程中，还见到很多历代大师，如金农、八大山人、石涛、徐渭、孟丽堂的真迹，开始广泛吸纳传统的精华，从此，他的作画、写字、刻印、作诗的风格都发生了很大转变。

衰年变法

1909 年，回到湘潭的齐白石，生活富足，隐居于乡间吟诗作画，过着悠闲的乡间文人生活。但是，1917 年，平静的乡居生活却被愈演愈烈的兵匪之乱打破。迫于无奈，年逾五旬的齐白石不得以来到北京，并于 1919 年正式定居北京。当时北京画坛比较盛行吴昌硕一派具有金石趣味的大写意花鸟画，齐白石学习八大山人的冷逸画风颇受冷遇，画作很少有人问津，这对于依靠卖画养家的齐白石来说是个不小的打击。

所幸的是，当时北京画坛的领袖、陈寅恪之兄、鲁迅之同窗好友陈师曾独具慧眼，十分欣赏齐白石的印章和画格，两人结为莫逆之交。陈师曾见齐白石卖画生涯十分萧条，便劝他大胆变法、自创风格。于是，齐白石开始"十载关门"的衰年变法。他深入研究吸取当代各家，特别是吴昌硕的优点，经过不断钻研，终于创造了"红花墨叶"的大写意花鸟画风，进入"一花一叶扫凡胎，墨海灵光五色开"的自由境地。1922 年，陈师曾携带齐白石的作品到日本参加中日联合绘画展览会，获得意想不到的成功，所有作品都以高价被抢购一空。这个消息很快传回国内，从此北京城里找齐白石买画的人逐渐多了起来，他获得"南陈北齐"的美誉，他的艺术也远播东欧。

大师门墙

1927 年，时任北京国立艺专校长的林风眠首先请齐白石去任教。次年，徐悲鸿任更名为北平大学艺术学院院长，也十分推崇齐白石的艺术和创新精神，亲自前往齐白石居住的跨车胡同聘请他担任学院教授。1946 年，徐悲鸿回到北平担任国立北平艺专校长，再次聘齐白石为名誉教授。新中国成立后，徐悲鸿出任新成立的中央美术学院院长，仍聘齐白石为名誉教授。

此外，随着齐白石声名的扩大，一些学子也开始投师门下，学习书画篆刻，李苦禅、王雪涛、于非闇、李可染、崔子范等一批闪耀中国现代画坛的名字都出自白石之门。齐白石曾言"学我者生，似我者死"，因此他的学生大多受其影响，自创新格。

避世保节

"七七事变"后，北平沦陷，齐白石蛰居北平，却表现出一个中国人应有的铮铮气骨。他辞去北平艺专和京华美术专科学校的教授职务，为了抵制日伪大小官员不断地骚扰纠缠，他在自己的居所外装上铁栅栏，并贴出了"白石老人心病复作，停止见客"告白，甚至在 1943 年一度停止卖画，艰苦度日。这些令人景仰的举动与梅兰芳蓄须明志异曲同工。齐白石还常用诗画表达他的爱国情怀。早在 20 世纪 30 年代初，他针对日伪分子的索画和骚扰，刻了一方"老岂作锣下猕猴"印章，既尖锐又幽默地表达了他的爱憎。北平沦陷后，他画过一幅《寒鸟》，一笔枯枝，立一只鸟，仰首上视，题曰："寒鸟，精神尚未寒。"意喻沦陷区人民精神不死。在题画诗中，他或把日本侵略者和汉奸比作"既啮我果，又剥我黍"的"群鼠"，或比作泥脚越陷越深的螃蟹，题写"沧海扬尘洞庭浪，看君行到几时休"。有人劝他不必如此露骨讽刺，他说："残年遭乱，死何足惜，拼着一条老命，还有什么可怕的呢！"

余年享太平

"已卜余年享太平"是白石老人晚年经常撰写的一句书法，意思是我曾经占卜过自己的晚年会享受到太平、安康的新生活。在齐白石近百年的漫长人生中，经历了古老中国最痛苦动荡的时期，终于在新中国成立后，过上了自己渴望的"太平"日子，他雅俗共赏的艺术也受到新政府的肯定和人民群众的欢迎，获得了前所未有的礼遇。新中国成立之初，齐白石送给毛主席两方名印，毛主席为表示答谢，在中南海设宴款待这位湖南同乡。他后来又送毛主席一幅《鹰图》轴，及"海为龙世界，云是鹤家乡"篆书联，毛主席回赠以人参、鹿茸等物。1953年，北京文艺界为齐白石祝寿，文化部授予他"人民艺术家"荣誉状。周恩来总理对齐白石更是关怀备至，为了使老人有一个更好的生活创作环境，1956年，让文化部购买雨儿胡同一处宅院供其居住。同年，齐白石获"国际和平奖"。1957年，任新成立的北京中国画院名誉院长。不久于9月16日，因病去世。国家为他举行了盛大的公祭仪式，并于次年元旦举行了规模空前的"齐白石遗作展"。齐白石的艺术深刻地影响了一代又一代画家。

守"寂寞之道"，开"大匠之门"

齐白石曾云："夫画者，本寂寞之道，其人要心境清逸，不慕官禄，方可从事。见古今人之所长，摹而肖之，能不夸；师法有所短，舍之而不诽，然后再观天地之造化，来腕底之鬼神，对人方无羞愧。不求人知而天下自知，犹不矜狂，此画界有人品之真君子也。"这段朴实无华的话实际道出了齐白石一生坚守的人生观和艺术观。他将艺术看作"寂寞之道"，从不贪慕功名利禄，几十年如一日地在艺坛默默地辛勤耕耘。他广泛地学习古今画家的优长，转益多师，但不论学谁，都不丢掉自己的经验和个性。这位来自湖南楚地的画家，没有屈原式的浪漫气质，反而继承了湖湘学派重视求真务实的作风。从《芥子园画谱》到有名无名的前人画迹，甚至一些弟子或民间工艺品上的图案，只要有用便勾稿留存；他最讨厌那些"开口以宋元自命，窃盗前人为己有，以愚世人"的人，对于古代名迹，他没有收藏并反复临摹研习的爱好，他没有沉重的祖宗包袱，不曾被庞大的传统和派系观念束缚而变得谨小慎微，因此能够胆敢独造，开创独具一格的画风。他早年生活在乡间，中年"五出五归"遍游大半个中国，晚年虽寓居古都北平，但对于乡间风物梦寐魂牵，因此，他笔下的题材空前的丰富多彩，花鸟画充满赤子之心，天趣盎然且生机自得，人物画诙谐生动，山水画师法造化，别具一格……所有的一切都来自生活的体验。齐白石将自己的乡土情怀与独特的文人气质相结合，既符合了20世纪艺术大众化的潮流，又没丢掉文人精英艺术的人文关怀，从而创造出雅俗共赏的艺术，取得了普罗民众与美术界专家双方面的尊重和喜爱。

齐白石画语录

◎作画妙在似与不似之间，太似为媚俗，不似为欺世。

◎学我者生，似我者死。

◎夫画者，本寂寞之道，其人要心境清逸，不慕官禄，方可从事于画。见古今人之所长，摹而肖之，能不夸；师法有所短，舍之而不诽，然后再观天地之造化，来腕底之鬼神，对人方无羞愧。

◎善写意者专言其神，工写生者只重其形。要写生而后写意，写意而后复写生，自能神形俱见，非偶然可得也。

◎画中要常有古人之微妙在胸中，不要古人之皮毛在笔端。欲使来者只能摹其皮毛，不能知其微妙也。立足如此，纵无能空前，亦足绝空。学古人，要学到恨古人不见我，不要恨时人不知我耳。

◎作画须有笔才，方能使观者快心，凡苦言中锋使笔者，实无才气之流也。

齐白石诗草

《题寻旧图》

草庐三请不容辞，何况雕虫老画师。深信人间神鬼力，白皮松外暗风吹。

《题友人冷庵画卷》

对君斯册感当年，撞破金瓯世可怜。灯下再三挥泪看，中华无此整山川。

《往事示儿辈》

村书无角宿缘迟，廿七年华始有师。灯盏无油何害事，自烧松火读唐诗。

《略告以古今可师不可师者》

青藤雪个远凡胎，老缶衰年别有才。我欲九原为走狗，三家门下转轮来。

《衰年变法自题》

扫除凡格总难能，十载关门始变更。老把精神苦抛掷，功夫深浅心自明。

《逢梅兰芳》

记得先朝享太平，布衣尊贵动公卿。如今沦落长安市，幸有梅郎呼姓名。

《题大涤子画》

绝后空前释阿长，一生得力隐清湘。胸中山水奇天下，删去临摹手一双。

——选自《中国艺术报》，有删改

第三节　家　庭

——善用资源，更好地成就自我

命名说明："善用资源"是本节课的核心词。在基本明确了自己所选的学科组合后，如何更好地加深自身对所选组合专业的理解，积极发现各种职业体验的机会和资源是生涯规划非常重要的一步。而要真正地开展这些职业体验，最好的资源当然是从"家庭"开始。本节课将通过一系列活动让学生在如何积极运用家庭这个生涯资源上有一个清晰、可操作性的认识。

活动目标：

（1）引导学生积极参与探讨和交流，并能坦诚分享在活动中的各种体会。

（2）通过活动引导学生认识和运用家庭这一重要的生涯资源。

（3）引导学生熟练掌握家庭职业树分析技术、家庭职业访谈技术，以及利用家族成员开展生涯体验活动。

活动地点：教室。

活动所需材料：A4纸（100张，每人2张）、水性笔1支/人。

课前分组：随机分组（8组为宜，5~6人/组）。

热身歌曲：《家》（谢名）。

提升歌曲：《家》（胡天渝/隆历奇）。

一、热身活动

导入语：家庭，不仅是我们每个人生物性生命的来源，而且也是我们生涯发展的起点。所以，积极了解"家庭"对我们每个人深入了解"我从哪里来？"有重要意义，积极了解"家庭"也对"我将要向哪里去？"意义重大。

本节课，我们将会运用"家庭职业树技术"了解我们自己的职业兴趣倾向，然后积极进行"家庭职业访谈"和"家庭职业体验"探寻我们未来职业发展的方向。

【本环节设计目的】通过简要概括"家庭"这一重要生涯发展资源的价值，引导学生积极认识"家庭"在自己生涯发展中的重要作用。同时，引导学生积极运用"家庭"这一生涯发展资源，为自己的未来做更好地生涯认识和规划。

二、家庭职业树

（一）家庭职业树

引导语：通过家谱，我们可以探寻到每个人发展的根源。同理，通过家庭职业树谱，在深度了解自己家族成员的职业取向外，也可以刚好地帮助我们自己预测未来的职业取向。

其实，在某种意义上，每个人的家族成员都会以各种形式对个人的生涯选择，乃至生涯发展产生深远而重要的影响。基于此，当我们每个人在做自我生涯发展探索时，不妨从身边最熟悉的人开始，主动了解自己亲人对自我生涯发展的影响，并积极运用这些属于自己的宝贵资源。

你的爸爸、妈妈、爷爷、奶奶、外公、外婆各自从事什么样的工作？你了解你的叔叔、阿姨、舅舅、姑姑的职业吗？

下面，就让我们来画一画属于自己独特的"家庭职业树"吧！

1.个人绘制时间

根据个人家庭实际情况，完成下面这个"家庭职业树"的空表。

（1）在属于"我"的空格中填上个人喜欢的"职业"。

（2）在家族成员各自的空格中填上他们的职业，如果有人曾有过职业变动，可按照所从事过职业的先后填上。

（3）标出重要人物，用笔将与你关系密切的重要家族人物用你喜欢的颜色标出。

（4）找出不同家庭成员职业选择的共同点，并将这些共同点写在空白的地方。

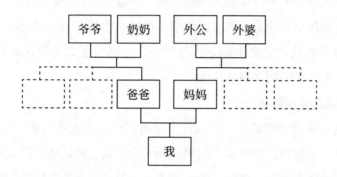

2. 思考·小组交流分享

（1）从整体上看自己绘制的"家庭职业树"，你有什么感悟？

（2）在家庭职业树中，有哪些职业是多次出现的，你对这些职业是怎么看的？

（3）你的家族成员所从事的职业是不是有某些规律？

（4）你对其中哪些职业特别有兴趣，又对哪些职业没兴趣？请说明理由。

（5）你最想从事的职业在其中出现了吗？

（6）在职业家族树中，你对哪些职业感到满意或羡慕？例如，叔叔在医院工作，是神经外科医生。

（7）家族中，哪些成员的职业与性别结合是你很好奇的，你主要好奇什么？

（8）在兴趣、能力、外貌、体能等方面，我与家族中哪位成员最相似？他/她所从事的职业与我的职业偏好有多大的关联度？

（9）家族中，哪位成员的职业想法对我影响最深刻，他/她的职业想法主要是什么，为什么对我影响最大？

3. 案例探究

舅舅开了一家家具制造厂，近几年发展势头很好。舅舅希望你未来能在他的工厂工作，并承诺只要你愿意进入他的工厂，一定会给予你重任，帮他管理工厂里的各种业务。

堂哥是一名保险公司的理财顾问。他经常告诉你一些金融理财的方法和理念，以及该行业中一些风云人物的事迹。不过，他也强调这个工作首先需要你具备专业的知识和能力，其次还要承担市场变化带来的巨大风险。

假设你只能从以上两个职业中选择一个，你会怎么分析这两种选择，你会选择哪一个？并说明选择的理由。

（二）家庭职业访谈

引导语：通过家庭职业树，梳理了你对自己家族成员的职业理解。不过，这些更多是基于你自己的理解和认识，为了更深入、具体地了解家族成员的职业认识、职业体验和职业理解，我们还需要通过"家庭职业访谈"进一步详细了解。

活动规则：

（1）请使用以下问题，对自己认为重要的家族成员或特别感兴趣职业的家族成员进行"职业访谈"。

（2）简明扼要地记录各个问题的答案，必要的时候可以使用录音笔，但要征得被采访者的同意。

（3）这个环节可在课前完成，在本节课主要使用所采访到的内容与小组成员分享交流，并结合采访到的结果对于自己即将选择的专业和未来的梦想职业进行更深入的思考。

访谈对象： **职业名称：** **访谈日期：**

提问问题	回答（简要记录）
1. 请问您从事的工作的主要内容是什么？	
2. 您喜欢自己现在的工作吗？为什么？	
3. 这份工作给您带来了哪些收获？	
4. 要从事您的职业需要具备哪些基本条件？	

（续表）

提问问题	回答（简要记录）
5. 请问您的工作在未来可能会遇到哪些机会与挑战？	
6. 请问您所学专业和现在的职业有何关系？	
7. 请问您对我未来选择专业和职业有何建议？	

【本环节设计目的】通过职业访谈，更深入地了解自己感兴趣的职业及其相关要求，这对于引导学生更合理地选科会有很大的帮助。

（三）家庭职业体验

引导语：通过家庭职业树和家庭职业访谈，使你对自己家族成员的职业有了一个清晰的了解。不过，这些认识更多仍是你自己的感性理解和认识。为了更深入、更具体地加深你对家族成员职业的了解，我们还需要通过"家庭职业体验"进一步深入理解。

（1）根据家庭职业访谈确定自己感兴趣的职业，在家人的帮助下选择合适的时机进行职业体验。

（2）在开始职业体验之前，做好各种体验准备，用纸笔记录下来。比如，记录下自己最想了解该职业的哪些方面，或了解清楚该职业的职场规则和禁忌等。

（3）在职业体验结束后，及时就自己职业体验前规划的内容进行梳理，并在最后对本次职业体验进行总结。

【本环节设计目的】对于职业本身而言，再多的了解都属于间接了解。只有亲身参与其中，做沉浸式的体验，方能真正让学生真切感受到其感兴趣职业的特性及内在要求。这样不仅可以帮助学生深度理解该职业，而且更可以使学生明确自己未来的职业选择，以及由此倒推合理选课和高考报考志愿。

三、小结

通过家庭职业树谱的绘制，家庭职业访谈以及家庭职业体验的开展，帮助学生不仅深入认识到"家庭"这个重要生涯规划资源的重要意义，而且还让学生从对于职业的感性认识上升到体验而生的理性认识。这对于帮助学生更合理地选科、更明确地进行高考志愿填写，以及对未来的职业规划都会产生积极意义。

🔲 生涯知识

生涯家谱

（1）生涯家谱的来源

生涯家谱是由美国系统式家庭治疗大师鲍文（Murray Bowen）在对家庭系统进行探索和研究过程中发展出来的咨询工具。它能够直观地呈现当事人三代家庭成员之间的经纬结构以及互动关系，使得当事人可以透视其个人行为或选择与原生家庭之间的深度关联，了解家庭结构与家庭动力对自己生涯选择的影响。

（2）生涯家谱的作用

生涯家谱在帮助我们认清个人与环境之间的关系上有如下好处。

① 对于特别看重或强调个人主义的人，生涯家谱有利于当事人更好地看清家庭对一个人生涯发展与生涯选择的影响，从而在自我认识上达到一定平衡。

② 生涯家谱把家庭成员关系图形化，使得观察的依据变得直观、有序，有利于当事人进行系统性思考。

③ 在社会急剧变化的时代，代与代之间，由于人生阅历的跨度较大，容易存在沟通和理解上的"代沟"。而通过盘点生涯家谱，有助于当事人理解代与代之间的文化差异，从而进一步理解自我认同以及家庭认同的关系。

（3）正确看待家庭的影响

每个人对于自己出生在什么样的原生家庭是无法进行选择的。通过与家庭的互动，我们会受到家庭成员的影响，形成对家庭的认同以及对自我的认同。有人对家庭成员的职业认同度高，可能会倾向于选择相同或类似的职业。有人对家庭成员的职业认同度低，可能会倾向于排斥同类职业，更不会将其作为职业目标。

我们还应该清楚地认识到，虽然家庭对于我们的生涯选择有影响，但并不是唯一的决定因素。通过生涯家谱，我们可以更好地理解个人需要与家庭期待的两股力量，并从中找到生涯选择的平衡点和行动力。无论是谁，都能从家庭中找到职业上的支持。

——选自《高中生涯手册》，有删改

👤 生涯人物

耗时63年，跟踪14位英国孩子成长，决定命运的是什么？

2019 年 6 月，全世界无数人守在电视机前，等待一档纪录片的更新——《人生七年》（the up series）的最新一集《63up 9》。

这部耗费半个世纪取材、拍摄、制作的长篇巨作，在这个月迎来了第 54 个年头，到了今年，片中记录的那群孩子，已经 63 岁了。

纪录片通过记录 14 个孩子的人生轨迹呈现了英国社会半个世纪的历史变迁。

其作品本身的价值，已经远远超过了拍摄每个人物的意义。

从 1964 年开始，7 岁、14 岁、28 岁、42 岁……一直到如今的 63 岁，几乎全世界的人们都跟随着导演迈克尔·艾普特（Michael David Apted）的镜头，窥探着这群英国不同阶层孩子们半生的缩影。

在这些来孩子中，有的出身孤儿院、有的父母都是劳工、有的来自中产家庭、有的读寄宿学校。之后每隔七年，迈克尔都会重新采访当年的这些孩子，了解他们的生活、询问他们对现状的看法和未来的规划。

在漫长的拍摄期间，大多数人每七年现身接受采访，有的人却生活落魄、流落街头，甚至剧组也找不到人。

7 岁到 63 岁，一个人的大部分人生，都浓缩在这系列纪录片里。

长大、变老的不仅是这 14 名孩子，还有坐在电视机前的观众们，从来没有哪部纪录片，如此强有力地影响了那么多真实的人。

当原本鲜亮的彩色记忆，被影像中黑白的色调取代，人们的眼里渐渐褪去孩童时憧憬未来的星光，我们都成为那一个个，暴露在时间长河中有去无回的人儿。

63岁：一场暮年的和解

在刚刚更新的《63Up9》里，当主人公们再次出现在镜头前，在老朋友迈克尔的引导下回顾前半生，我们看到了当年大部分孩子的晚景。

上层阶级的小孩们，全都毫无意外地进入了他们为自己预言的学校。

安德鲁从剑桥毕业后从律师到律师事务所合伙人，等待迎接和谐安详的晚年生活。

布鲁斯因为觉得教育事业更意义，牛津毕业后没有选择高薪工作，而是去了不同的公立学校教书，对英国的教育体系形成了自己独到的见解。

小男孩约翰在父亲早逝后，由母亲省吃俭用把他抚养长大，并进入剑桥读书。而后娶了保加利亚大使的女儿，一直为王室担任法律顾问，老年从事慈善事业。

查尔斯因为反感精英教育，在21岁后退出了拍摄，后来在新闻业工作，也为BBC拍过纪录片。

而在中产家庭这边，小时候积极活泼的尼尔，青春期时患上了精神疾病，从大学辍学，成为流浪汉。终于在晚年找回了生活的意义，40岁当上了议会顾问和业余牧师。

叛逆少年彼得曾因为在节目里批评政府被舆论攻击，退出拍摄直到56岁回归。此时的他戴上了红色的框架眼镜，作为一名公务员，为政府服务，还和妻子一起重拾起了年轻时玩乐队的爱好。

来自工人家庭的托尼经历了生活的浮浮沉沉，梦想当赛马师失败后在伦敦开出租维生。

7岁时梦想着到超市工作的林恩，将一辈子都奉献给了社区图书馆和那里的孩子，晚年被病痛缠绕，于2013年离世。

单亲妈妈苏离婚后遇到了新的爱人，虽然没有读过书，但靠着在职场不断地打拼，目前在伦敦大学玛丽学院担任行政工作。

14岁时想有一个幸福家庭的杰基，后来伴侣因车祸死亡，令她心碎不已；在苏格兰地区抚养三个孩子长大的她，晚年身体一直不好，靠领救济金度日。

来自农村的尼克，他靠着奖学金考上牛津大学，而后移民美国，成为物理学教授,晚年患上喉癌。

回顾这 14 个孩子的人生经历,除了考上了牛津物理系的农村孩子尼克和从中产沦落成流浪汉的尼尔,其他 12 个孩子都没有离开自己出生时所在的阶层。

精英阶层和中产阶级出身的孩子长大后过着和他们父母别无二致的富裕生活,而出身较差的孩子几乎终日碌碌、止于平庸。

而在节目一开始,导演就做出了预判:每个孩子的社会阶级将决定了他们的未来。如今看来,迈克尔的命题作文已经出色完成,因为大多数人的确没能成功地反抗命运、跳出自己固有的阶级。

但随着一个又一个七年过去,迈克尔发现,自己自以为是的"上帝视角"错了。

事实上,我认为他们会对自己的老去感到担忧和焦虑,整日为低迷的经济形势发愁,时常回忆自己的青春时光,并对年轻时做过的错误决定而感到后悔……

但是让我惊讶的是,受访者们大多数都在自己的家庭生活或者其他领域找到了让自己真正感到舒适和开心的事情。

当老人们走到如今的年岁,曾经的懵懂、叛逆、桀骜、迷茫、心酸、幸福都已经慢慢地沉淀在了皱纹里。

藏身镜头之后的导演逐渐明白,其实他拍的不仅仅是一部记录社会阶层固化的影片,这一系列纪录片无意中触及了一个更迷人的主题——人生。

"在整个项目的核心处,我们能看到人生最神秘的东西。我们是怎么成为今天这样子的?"罗杰·艾伯特曾评论这个系列道。

到底是什么在决定我们的人生?毫无疑问,阶层、教育、环境、朋友,这些都很重要,但除此之外呢?

阶级壁垒的确存在,眼界视野决定格局

纪录片一开始,上层阶级的富家三兄弟已经让人印象深刻。

在私立学校读书的三人,对自己的未来有着清晰的规划,他们每天有着规律的作息,明确知道自己会上哪所中学,进入牛津剑桥然后成为社会精英。

当富家三兄弟每天阅读《金融报》《观察家》《泰晤士报》,对未来有着明确的目标时,伦敦东区的工人阶级三姐妹则自由了许多。

这三个女孩在伦敦的同一所小学上学,虽然需要上舞蹈课,但是其实只

是换了一种形式的自由活动，老师并不会管她们。

7岁的女孩子们，会凑在一起幻想未来生活的景象。

与此同时，穷人区贫民窟长大的孩子，甚至谈不上梦想。

有人希望当驯马师赚钱，有人希望能有机会见到自己的爸爸，还有人希望能够吃饱饭少罚站少被打。

西蒙是个私生子，不知道爸爸是谁。妈妈养不起他，就把他丢到了福利院。福利院的氛围就像军队一样，成人护工不会给孩子一丁点的关爱。

再加上西蒙的黑人血统，经常被大孩子欺负。他每天都在不安中度过，连睡觉时也无法放松。

在英国，阶级文化被认为是社会中不可或缺的元素，如同英国人对茶与蛋糕的热爱，阶级文化已经融入了血液。

虽然7岁的孩子大部分都天真烂漫，但从第一部纪录片开始，就已经感受到了不同阶级间深刻的差异。

第一集纪录片过后，人们已经意识到原生家庭的差异影响，正在影响这些孩子们对于未来的想象，并在之后持续影响他们的选择。

阶级界限的存在已经毋庸置疑，接下来人们希望知道，在未来的几十年里，随着教育水平和社会福利的改变，社会流动性真的会随之提高和改变么？

教育是给孩子最好的礼物

现实比人们的设想更加残酷，要打破阶级鸿沟实现人人平等，不过是乌托邦式的想象。

在这14个人中，大多数孩子的人生轨迹，就按照导演所假设的如预期发展。

上层社会的家庭给了子女们更多的人生引导，父母的眼界、格局、能力和人脉，直接影响了这些孩子们的人生轨迹。

在父母的引导下，虽然金钱帮助孩子有了更多了解大千世界的机会，但精神层面的耳濡目染比物质更为深远。

富家三兄弟之一的安德鲁，在镜头前说："人无法确定能留给下一代什么财富，但是至少可以确定，一旦给了他们好的教育，他们终生都可以受用"。

从小富家三兄弟就了解社会竞争，懂得合理规划。这些孩子更早掌握了出类拔萃的诀窍，一直走在求学路上的他们，有的成了律师，有的成为电视制作人，过着上层的优渥生活，受人尊重、家庭幸福。

相比起来，中产阶级和工人阶级的孩子，未来就不可预测得多。

中下层的孩子们并不懂得教育的意义，打架是他们最大的娱乐，对未来没什么打算，梦想就是少挨打、不挨饿。他们随意辍学，早早地进入社会，经历了辍学、早婚、多子、失业等等底层命运。

步入中年，那些因各种原因放弃求学的采访者，多数会感慨上学时如果好好学习，就不至于为生活所迫，延长退休，靠政府救济金为生，也会有更好的出路。

面对阶级差异产生的成长壁垒，农村孩子尼克是一位幸运儿。作为所有人物中唯一一个从底层实现阶级跨越的案例，他既是打破阶级壁垒的特例，也是教育改变人生最好的例证。

镜头前的尼克并不其他孩子那般引人注意，他是出生在乡村典型的乡下孩子，每天需要走 3 英里的路去上学，从小缺少与社会的互动让他显得十分害羞。

14 岁时的他一直把脑袋埋起来回避镜头，厚厚的玻璃眼镜下，还满是对未来的忧愁和迷茫。

然而，教育正在逐渐让他改变。

一开始，在一本关于行星的插图绘本里，丰富的色彩和有趣的故事，唤起了尼克对科学的兴趣。老师热情地鼓励他说："你平时那么爱看书，一定很了解飞机的东西。"

老师不经意的话语，却让尼克感受到了信任与鼓励，从此越发痴迷各式各样的科技书籍，用心钻研科学知识。他说，是这位老师的引导促使他进入了科学的大门。

21 岁那年尼克顺利考入了牛津大学就读物理系。28 岁时，因为英国紧缩学校经费，他移民美国做核电研究，并来到威斯康星麦迪逊大学教书。

我们看着曾经害羞，不自信的尼克在走出牛津校门以后成为一个充满自信，令人如沐春风的学者，大家见证了他从乡村小子到大学教授的转变。

教育比物质的影响更为深远。

当一个人拥有了知识，他的视野变得开阔，他拥有了更多的机会，他可以轻松地发现限制他的天花板也就只有方寸大，向前走一段，头顶就是广阔的天空。

通往幸福的关键：性格决定命运

而在教育与阶级之外，另外一个不得不提的话题便是人格。

还记得工人阶层三姐妹中的苏吗？和她的另外两位朋友杰基和林恩一样，成年后的她们都毫无意外地遭遇了贫穷、离婚与单亲的苦难。

但不同于其他女孩一脸严肃，满腹牢骚抱怨，苏总是带着乐观的心态，她珍惜和孩子们相处的时光，同时也积极寻找机会提升自己。

成长于伦敦东区一个工人家庭的苏因为家庭原因没有上过大学，在21岁毕业后在一家旅行社上班。35岁那年，苏带着两个孩子与丈夫离婚。

虽然镜头前，苏坦言"结婚结得早一定会错过一些东西""错过能够完全做自己的人生重要阶段，因为人一旦结婚，就不能再为自己而活"。

但苏并没有因为生活的不如意而气馁，她一边独自抚养两个孩子，一边在一家制造公司做兼职。在苏42岁的时候，重新开始做全职工作，在伦敦大学皇后学院法学系做协助课程管理工作。

为了孩子的成长，苏牺牲了自己的梦想、放弃了工作机会，而孩子也在她困难时给予了她坚持下去的希望。

在《63Up》的镜头里，苏已经成为伦敦大学玛丽学院法学系的行政主管，拥有一位彼此相伴20年之久的恋人。在业余时间，苏加入了当地一家小型话剧团，重拾表演、唱歌的爱好。

越活越美，事业爱情双丰收的苏一如既往地热爱生活、热爱工作，自信乐观的性格让她平凡的人生闪亮着耀眼的光彩。

和苏一样，当节目中大多数人回首人生时，多会觉得幸福与成就、金钱并没有多大联系，能被人爱才是最重要的。

同样来自工人阶级的男孩托尼，也是人格塑造命运的一位见证者。

7岁那年，托尼最大的梦想是成为赛马师，在孤儿院长大的他无法选择教育这条路，赛马成了改变他命运的唯一机会。

为此，托尼在其他小孩上学的年纪，天天泡在赛马训练场训练，为此不仅拿到了一些比赛机会，和自己的偶像同场竞技，还因为第三名的成绩登上了当地报纸的版面。

然而，不够优秀的托尼还是被这项运动淘汰。这个希望破灭的男孩只能走上工人阶级的老路。在那段青春期，托尼也曾陷入愤世嫉俗的迷茫期，跟着身边的大人学会了一堆恶习。

为此导演在托尼 21 岁时，表达了自己对那个出身孤儿院、愤世嫉俗、想要成为马术运动员却不得志的男孩——未来生活的预见，他认为托尼这样发展下去迟早要进监狱。

但事实上，当导演在 7 年后再见到托尼时，他已经拥有了自己的出租车，并且自食其力、养家糊口。

终其一生，托尼都受益于自己知足常乐的性格，勇于尝试心中的梦想，积极解决可能出现的每一个问题。

他不仅尝试过骑师、出租车司机、创业，还在业余时间养马、报表演班、演配角，甚至买下了西班牙的一套独家别墅。

托尼始终相信"喜欢的事情一定要去尝试，不管最后成没成，至少你试过"，虽然当年的梦想也许只实现了 10%，但这已经足够让他心满意足。

那些被主流思想认为没有事业心、没有跨越自己阶层的"失败者们"，大多从家庭或者其他领域获得了爱与动力，在老了的时候依然乐观且满足，并认为自己之后的生活还有无限可能。

与此同时，同样来自伦敦东区的小女孩林恩却成了一个令人心疼的反例。7 岁时的小女孩林恩，可以说是几个女孩中天真烂漫的一位。

当她 14 岁时，已不想直面镜头。

19 岁那年，林恩结了婚，然而婚姻生活并没有为她带来更多的改变。

21 岁时，林恩做了流动图书馆的管理员，但图书也没有维持她淡然优雅的气质，她对很多事情不满和抱怨，认为整个社会一败涂地，脸色也越来越差。

再往后，你会发现林恩是所有人物中老得最迅速的，35 岁的她就有了一张完全苍老的脸。

再然后，她开始被疾病缠绕，她早早接纳了自己的命运而不做更多地争取。2016 年，林恩等不及《63Up》的拍摄，遗憾去世。

最后出现在镜头前，是 56 岁的林恩。

故事讲到这里，14 位孩子的人生仍未一一道尽。

尽管人生没有标准答案，也难以预测，但却可以深刻地感受到：教育比物质的影响更为深远，而健全的人格是面对苦难最好的解药。

《人生七年》系列，从来不是因哪一部单独电影而伟大，而因每一部的存在而荣耀。

跟着这群孩子们的百态人生，好像我们又活了一遍。

——选自《澎湃新闻》，有删改

第四节 着眼未来

——智者占先机

命名说明："占先机"是本节课的核心词。在学生基本明确了所选学科组合，并已初步确定未来的就业方向后，如何借助各种资源对时代发展趋势进行预判，力争将自我的生涯规划与未来的时代发展有机契合。这不仅是一个重要的预设性判断，而且更是一种积极谋划未来的明智选择。在这种将个人生涯规划与未来时代发展结合的生涯规划思维驱使下，相信会比单纯立足眼前社会发展的生涯规划更加符合生涯规划"为未来而谋"的宗旨。

活动目标：

（1）引导学生积极参与探讨和交流，并能坦诚分享在活动中的各种体会。

（2）通过活动引导学生积极认识和了解时代及其未来发展趋势。

（3）引导学生积极关注新技术、新职业和新时代的发展趋势，充分利用时代发展资源。

活动地点：教室。

活动所需材料：A4纸（100张，每人2张）、水性笔1支/人。

课前分组：随机分组（8组为宜，5~6人/组）。

热身歌曲：《新》。

提升歌曲：《拥抱新时代》。

一、热身活动

导入语：生涯规划的一个重要目的就是清晰现在，谋划未来。如果我们每个人都能在自我的生涯规划中以"立足未来"为导向，相信我们一定可以珍视现在所拥有的资源，因为这些都是帮助我们更好奔赴未来的财富，而且自我提升也会更有序、更积极。

积极筹谋未来，以未来为导向努力提升自我，做占得先机的智者！

观看视频：《这是一个变化迅猛的时代》。

【本环节设计目的】通过观看《这是一个变化迅猛的时代》，让学生直观地感受时代变化所带来的挑战和机遇。并借此激发学生以未来发展为导向，清晰自己的现在，以及为未来所需做准备。同时，也通过这个视频为接下来的环节做铺垫。

二、最酷莫过"我喜欢"——做关注时代人

引导语：对我们每个人而言，我们看到的，大多是我们想看到的。而对于时代的关注点，每个人也都有自己喜欢的点。下面的活动是每个人都以自己最感兴趣的专业或职业来谈谈：这个专业或职业在当今这个时代的地位以及未来可能的发展方向。

（一）课前任务

每个人都需要针对自己最感兴趣的专业或职业来搜集资料，了解它现在的社会处境，也可以查找专家学者或社会机构对这个专业或职业未来发展的预测和评估。

（二）小组交流分享

（1）你最感兴趣的专业或职业是什么？为什么对它感兴趣？

（2）通过查找的资料，了解这些专业或职业的社会现状怎么样？未来的发展前景又如何？

（3）在查找资料的过程中，对于自己感兴趣的专业和职业有没有新的认识或感悟？如果有，这些新的认识或感悟是什么？

（三）班级分享

（1）每个小组最感兴趣的专业或职业是什么？小组成员为什么对它感兴趣？

（2）通过小组交流，大家最感兴趣的专业或职业的社会现状怎么样？未来的发展前景又如何？

（3）在小组交流的过程中，对于你自己在选择最感兴趣的专业和职业方面有没有新的认识或启发？如果有，这些新的认识或启发是什么？

【本环节设计目的】通过让学生对自己最喜欢的专业或职业做资料收集，有助于学生对其有更深入的了解，进而坚持或调整自己的生涯选择。同时，以此为抓手，促使学生更深入地认识当前这个时代的发展趋势。

三、为未来全力拼——植根本能力事，思未来可能型

引导语：当我们对于自己最喜欢的专业或职业有了一个很深入的了解和认识后，如何从现在起为未来做好充分的准备就成为当务之急。这需要我们进一步了解相关专业或职业所需要的核心能力和基本素养。

下面，我们就自己所喜欢专业或职业的核心能力和基本素养进行一个清晰的分析。

（一）从学科看专业

1. 课前任务

（1）将全班分成八组，以小组为单位收集自己班级学科组合所覆盖的1~2种学科门类资料（活动预设前提是全班选择了同一种学科组合，如物化生、历政地或其他）。

（2）依据教育部《研究生教育学科专业目录（2022年）》来对于自己小组所负责的学科门类、所覆盖的学科大类及专业的资料进行整理。

（3）收集每个专业需要的核心能力和专业素养。

2. 小组交流展示

（1）根据自己小组所收集的学科门类、学科大类及专业资料，将其绘制成思维导图进行展示和讲解。

（2）就自己组所负责收集的每个专业需要的核心能力和专业素养，进行

清晰的介绍。

【本环节设计目的】对于学生所选学科组合专业覆盖面信息进行详细而深入的收集，有助于学生对其有更深入的认识，这对于促使他们形成"以未来发展为导向"的认识和准备有直接的引导作用。同时，考虑到有 14 种学科门类、181 个学科大类，包括更多的专业，工作量实在太大，所以分组完成。

（二）从就业看专业

1. 课前任务

（1）在各小组查找和负责收集不同的学科门类所覆盖的学科大类及专业的同时，再以小组为单位参考《中华人民共和国职业分类大典（2022 版）》收集自己感兴趣的专业大致对应的职业。

（2）梳理这些感兴趣的职业的核心能力和专业素养。

2. 小组交流展示

（1）根据自己小组的任务，将所收集的专业对应的感兴趣的职业，绘制成思维导图进行展示和讲解。

（2）简要介绍自己组所负责收集的专业中大家感兴趣的职业所需要具备的核心能力和专业素养。

【本环节设计目的】通过任务驱动引导学生在完成课堂展示的同时，梳理专业背后的职业及其基本素养，加深他们对于自己现在需要准备、提升的知识和能力的认识，更借此机会促使学生为自己未来的生涯发展早点规划和行动。

四、小结

通过"最酷莫过'我喜欢'"，引导学生以自己喜欢的专业或职业为起点来积极了解当前的这个时代，培养学生做关注时代的新人，驱动他们以未来发展为导向来做好现在，筹谋未来。而"为未来全力拼"环节则着力引导学生在了解了自己所喜欢的专业或职业背后需要的核心能力和专业素养后，能从现在起注重自己基本知识和根本能力的提升，积极面对未来，更可能地成就自己未来的生涯梦想。

生涯知识

《研究生教育学科专业目录（2022年）》《中华人民共和国职业分类大典（2022版）》

2009年，为进一步发挥学科专业目录（以下简称学科目录）在人才培养和学科建设中的指导作用，规范学科专业的设置与管理，依据《中华人民共和国学位条例》和《中华人民共和国高等教育法》，制订《学位授予和人才培养学科目录设置与管理办法》（学位〔2009〕10号），并于2009年02月印发。

2008年12月29日—30日根据国务院学位委员会第二十六次会议的有关决议，为适应我国经济、社会、科技和高等教育的发展，国务院学位委员会、教育部启动了学科目录修订工作，对学科目录设置与管理的机制进行了改革。新修订后的《学位授予和人才培养学科目录（2011年）》（学位〔2011〕11号）经国务院学位委员会第二十八次会议审议批准通过，并于2011年3月印发。

为深入贯彻习近平总书记关于深入推进学科专业调整的重要指示精神，落实党中央、国务院关于深化高等教育学科专业体系改革的决策部署及国务院学位委员会第三十六次会议决议，推进新时代研究生教育改革发展，国务院学位委员会、教育部组织开展了新一轮学科专业目录修订工作。国务院学位委员会第三十七次会议审议通过了《研究生教育学科专业目录（2022年）》和《研究生教育学科专业目录管理办法》。

《研究生教育学科专业目录（2022年）》规定，我国学科研院校（学位授予单位）的硕博研究生教育将学科/专业门类划分为哲学、经济学、法学、教育学、文学、历史学、理学、工学、农学、医学、军事学、管理学、艺术学和交叉学科共计十四个学科门类，新增设置第十四个学科门类——交叉学科（门类代码为14），下设有集成电路科学与工程、国家安全学、设计学、遥感科学与技术、智能科学与技术、纳米科学与工程、区域国别学、文物、密码九个二级学科。一级学科的调整每十年进行一次。

推荐视频：

金灿荣《百年未有之大变局与中国机遇》《大国远见：国际视野下的中国机遇》

金一南《百年大变局与中国发展》

生涯人物

比亚迪的前世今生，回顾"新能源一哥"的崛起之路

作为全球首个迈出停止生产燃油车的车企，现在的比亚迪可以说是无人不知，尤其是在新能源汽车领域，称其为"自主一哥"毫不为过。

下面我们来回顾下比亚迪的崛起之路。

萌芽期

比亚迪成立于 1995 年，王传福在深圳注册企业，主要经营业务是手机（当时是大哥大）电池的制造。

这也是为什么比亚迪在三电技术上有着深厚的底蕴，因为其最初靠生产电池发家。

在这不得不提下王传福之前的个人履历，1990 年硕士毕业后留在了北京有色金属研究总院工作，3 年后研究院在深圳成立比格电池有限公司，王传福任总经理。正是在此时期王传福对电池领域产生了浓厚的兴趣，这也为后续他下海经商埋下了伏笔。

1995—2002 年，比亚迪接连获得飞利浦、索尼、摩托罗拉和诺基亚等电池生产的订单，企业实力不断提升，电池质量过硬加上价格比友商更有优势，在镍镉电池领域已经是第一的存在，锂电池也有着不错的市场表现。

王传福志不在此，他有一颗想要进军汽车领域的心。

2002 年 7 月，比亚迪收购了北京吉普吉驰模具厂，开始为这一理想进行铺路；2003 年是个转折之年，比亚迪在当时已经是全球第二大充电电池制造商，不满足现状的王传福收购了秦川汽车，从此开启了比亚迪的汽车之路。

奋斗起伏期

当时国产汽车制造业还处于起步阶段，没有核心技术，只能靠模仿和逆向研发，所以造出的汽车质量参差不齐、故障率居高不下，国产汽车质量不行也是那个时期"打下的基础"。

在这样的大背景下，2005年，比亚迪F3问世，我们也是通过它知道比亚迪这家车企的。这款车外形模仿了丰田花冠，但是价格极为低廉，凭借着不错的性价比，比亚迪F3成功出圈，成为很多工薪阶层的备选车型之一，销量也是节节攀升。

尝到甜头的比亚迪又模仿了雷克萨斯RX，制造出了一款中型SUV比亚迪S6，同样高举性价比大旗赢得了不少国人的青睐。

2006年，比亚迪就研发了一款搭载磷酸铁电池的F3e电动车，但是该车并没有上市，不过王传福并没有放弃，继而转向混动技术的研发。

2005—2010年这5年间，通过逆向研发战略，以及F3等车型的优异表现，比亚迪的实力迅速壮大。

2008年，股神巴菲特入股比亚迪。

2009年，比亚迪在销量上超过奇瑞成为自主品牌第一。

不过进入2010年，比亚迪由于战略失误，爆发了多家经销商退网事件，延缓了比亚迪的发展，业绩一度跌至谷底。

2011年，比亚迪又出现了大规模裁员，同年旗下的明星车型比亚迪F3由于安全气囊问题受到了广大消费者的质疑，比亚迪汽车质量不行也成为人们议论的焦点。

腾飞期

2009年，比亚迪推出了旗下的纯电动车比亚迪E6，搭载了自研的磷酸铁锂电池。同年7月收购湖南美的客车制造有限公司，具有了制造电动大巴的资质，也是从这一年开始，比亚迪的纯电动汽车计划拉开了大幕。

此后比亚迪升级优化了第二代DM技术，不过车子还是被冠以廉价质低。

2013年，推出了王朝系列的首款车型比亚迪秦，紧接着元、宋、唐等车型陆续登场，自此开启了真正的"王朝"，尤其是 2015 年比亚迪唐的上市让人看到了比亚迪深厚的混动实力，零百不到 5 秒的成绩媲美很多性能车，比亚迪的"542"战略初现峥嵘。

比亚迪车子的实力是有，但是外观颜值一直不在线，2016 年，前任奥迪设计总监沃尔夫冈·约瑟夫的加入，可以说补齐了最后一块短板，"Dragon Face"的设计语言也成了比亚迪家族的标志，如今已来到第三代。

2020 年的刀片电池，2021 年 1 月的 DM-i 超级混动两大黑科技把比亚迪送到了新能源汽车"领军者"的地位，旗下多款车型一车难求。

◎本章小结

好风凭借力，送我上青云。在自我的生涯规划中，善用"外环境"的种种资源，如家庭、学校、社会和职业环境等，都将为我们个人的生涯发展带来意想不到的帮助。每个人都不是一座孤岛，无论你愿不愿意，个人的生涯发展都必须要学会借助各种外在资源。那么，与其被动被时代裹胁，不如积极迎接时代发展的潮流，顺流而行，趁势而上，开启自己精彩的生涯旅程。

一首《风险》道尽了抉择的两难，但是我们每个人在自己的生涯中，都需要常常面对艰难的选择。网上流行一句话："小孩子才做选择，我全都要"，但是你真的能全都要吗？事实往往是，你很可能全都要不起。

比如，高一选科，选择物理组合吧，专业覆盖面广，未来就业机会多，但偏偏你就是因为数学成绩不佳，而导致理科的物理、化学、生物一个个都成为你实现大学梦想路上的"拦路虎"。算了，那还是选历史组合吧。结果，在选的时候，又发现历史组合不仅专业覆盖面狭窄，而且似乎还和你未来的职业梦想发生冲突。真是前思后想，左右对比，却依然头痛不已，不知该如何抉择。

从生涯规划角度看，生涯抉择指个人根据自身特点和社会需要做出合理的职生涯方向抉择的过程。其中包括个人价值的探讨和认识、关于自我和环境资料的使用、谋划和决定的过程。生涯抉择是个人能力意向和专业设置及社会岗位的统一，包含了个人向客观现实妥协和调适的过程。

基于以上理解，下面我们将会通过"理解抉择（我为什么会选择困难？）""抉择有道（我该如何破解选择困难？）""尊重抉择（我的决定我负责）"2个生涯规划活动对学生进行引导。以期可以帮助学生通过对各种生涯抉择工具有更清晰的理解，进而综合各方面条件做出合理抉择，开启更精彩的生涯探索之旅。

第四章 学会抉择

（3课时）

第一节　理解抉择

——我们的决定，决定了我们

　　命名说明："理解抉择"是本节课的核心词。在开启了"生涯启蒙""认识自我"和"认识环境"后，如何整合自己所拥有的各种资源，为自己未来的生涯发展更好地奠基成为一个重要的任务。俗话常说"巧妇难为无米之炊"，但其实"巧妇"同样也会"难为多米之炊"。突然意识到自己有很多由资源所带来选择的困惑，一点也不比没有资源容易选择。正是基于此，我们才需要更深入地学会在多资源背景下做更好的"抉择"。

　　活动目标：

　　（1）引导学生积极参与探讨和交流，并能坦诚分享在活动中的各种体会。

　　（2）通过活动引导学生认识生涯抉择的类型及影响因素。

　　（3）引导学生积极思考并改进自己的决策模式。

　　活动地点：教室。

　　活动所需材料：A4纸（100张，每人2张）、水性笔1支/人。

　　课前分组：随机分组（8组为宜，5~6人/组）。

　　热身歌曲：《抉择》。

　　提升歌曲：《天地由我》。

一、热身活动

　　导入语："人生之苦，苦在选择。人生之难，难在放弃。"因为但凡有所抉择，必然要有所舍弃。正如，有"是"必有"否"，每做一个抉择，即是排除或否决其他可供选择的痛苦过程。生涯抉择之所以"难",就在于它是个人在多项选择之间权衡利弊,以达成最大价值的历程。

不过,生涯规划的价值和意义就在于它倡导每个人都要积极直面自己所拥有的一切,然后通过科学的工具和方法,进行合理的抉择。

下面,我们先做一个关于抉择的小游戏,初步感受抉择。

活动:桃园摘桃。

情景:路边有一片果实繁盛的桃园,现在你可以进入这个桃园摘桃子吃。

要求:

(1)你只能摘一个。

(2)你只许前进挑选,不许后退挑选。

(3)你要摘一个最大的。

问题:你会怎么做?请用最快的速度从下面的八个选择中选取一个。

A.反复比较、确认,但始终在犹豫中徘徊不前。

B.哪个离我近我就抓哪个。

C.先别管了,走到最后再说吧。

D."我感觉这个大!"就摘这个了。

E.再怎样也摘不到最大的,随手而摘吧。

F.别人说哪个大,我就摘哪个。

G.大脑短路了,自己都不知道想要啥。

H.对视野内的桃子进行观察比较,并咨询种桃人和其他摘桃人的意见,形成个标准,再根据这个标准选择最大的桃子。

【本环节设计目的】以这个生活化的小活动,来对学生选择的类型做一个初步的测试,为接下来引导学生深入认识抉择奠定基础。

二、抉择原来可以是多样的

(一)活动名称:桃园摘桃的背后

经历了"桃园摘桃"的选择后,我们见识了原来摘一个桃子竟然可以有那么多不同的抉择。不过,为了更深入地理解抉择,我们需要进一步探讨这些不同抉择背后的规律。

（二）活动规则

（1）老师列出八种不同的抉择，请大家认真理解这八种常见抉择风格类型。

（2）以小组为单位将其与之前的抉择行为进行连线，并在组内对连线原因形成共识。

（3）全班分享。

① 常见抉择类型：

痛苦挣扎型（Agonizing）：花很多的时间和精力来确认有哪些选择、收集信息、反复比较，却难以做出决定。（我就是拿不定主意）

宿命型（Fatalistic）：将决定留给境遇或命运。（我永远也不会走运）

瘫痪型（Paralytic）：接受了自己做决定的责任，却无法开始决定的过程。（我知道我应该开始了，但想到这件事我就害怕）

直觉型（Intuitive）：将自己的直觉感受作为决定的基础。（爱你没商量）

冲动型（Impulsive）：抓住遇到的第一个选择，不再考虑其他的选择或收集信息。（先决定，以后再考虑）

拖延型（Delaying）：将对问题的思考和行动一再往后推迟（我还没准备好）

从众/随大流型（Compliant）：顺从别人的计划而不是独立做决定。（羊群型）

计划型（Planful）：决定时会倾听自己内在的声音，考虑外在环境的要求，以理性方式平衡理智和感觉，做出适当、明智的抉择。（理智型、信息型）

② 连线任务：

A.　　　　　　　　　　计划型。

B.　　　　　　　　　　从众/随大流型。

C.　　　　　　　　　　直觉型。

D.　　　　　　　　　　痛苦挣扎型。

E.　　　　　　　　　　冲动型。

F.　　　　　　　　　　瘫痪型。

G.　　　　　　　　　　拖延型。

H.　　　　　　　　　　宿命型。

③ 结果说明：

A——痛苦挣扎型：花很多的时间和精力来确认有哪些选择、收集信息、反复比较，却难以作出决定。

B——冲动型：抓住遇到的第一个选择，不再考虑其他的选择或收集信息。

C——拖延型：将对问题的思考和行动一再往后推迟。

D——直觉型：将自己的直觉感受作为决定的基础。

E——宿命型：将决定留给境遇或命运。

F——从众/随大流型：顺从别人的计划而不是独立做决定。

G——瘫痪型：接受了自己做决定的责任，却无法开始决定的过程。

H——计划型：决定时会倾听自己内在的声音，考虑外在环境的要求，以理性方式平衡理智和感觉，作出适当、明智的抉择。（理智型、信息型）

总的说来，计划型、直觉型这两种风格比较积极主动，而痛苦挣扎型、冲动型、拖延型、宿命型、从众型、瘫痪型则比较消极被动。

几种决策风格类型的四分法

环境		自己	
		未知	已知
	未知	回避型决策 A——痛苦挣扎型 C——拖延型 G——瘫痪型	自发/直觉型决策 B——冲动型 D——直觉型
	已知	依赖型决策 E——宿命型 F——从众/随大流型	理智型决策 H——计划型

决定你的命运的不是你面临的机会，而是你自己做出的抉择。

【本环节设计目的】通过引导学生对自我选择的深入理解，引出八种基本的抉择风格，并进一步整合成几种决策风格类型的四分法表格。这些活动的开展可以引导学生深入认识不同抉择风格及影响抉择的重要因素。

三、探寻"我的抉择风格"

导入语：通过对"桃园摘桃"活动的深入了解，我们大致清晰了生涯抉择的风格类型。但是，对于如何进一步探寻并明确自我的生涯抉择风格，我们还需要进一步思考和总结。

（一）活动名称：探寻"我的抉择风格"

经历了"桃园摘桃"的选择，以及对其背后风格类型的梳理后，我们认识了原来不同的人竟然可以有那么多不同的抉择风格。为了更深入地探寻自我的抉择风格，我们需要通过对自己过往人生抉择的行为进行反思和总结。

（二）活动规则

（1）请回忆迄今为止在你人生中你所做的三个重大抉择，并按以下六个部分予以描述，在表格中记录。

第一个 重大抉择	（1）当时的情境： （2）你的目标： （3）你所有的选择： （4）你最终做出的抉择： （5）你采用的决策方式： （6）你对抉择结果的评估：
第二个 重大抉择	（1）当时的情境： （2）你的目标： （3）你所有的选择： （4）你最终做出的抉择： （5）你采用的决策方式： （6）你对抉择结果的评估：
第三个 重大抉择	（1）当时的情境： （2）你的目标： （3）你所有的选择： （4）你最终做出的抉择： （5）你采用的决策方式： （6）你对抉择结果的评估：

（2）请思考：你是如何描述自己在上述三个重大事件中的决策风格？它们有什么共同之处吗？

（3）以小组为单位进行组内分享，然后由组长整理全组决策风格的共同之处。

（4）全班分享。

【本环节设计目的】为学生探寻"我的生涯抉择风格"提供可操作的方式，通过小组交流和全班分享深化学生对"自我生涯抉择风格"的理解，并积极引导学生通过反思自我的生涯抉择风格与了解他人的生涯角色风格，开拓自我对于自我生涯抉择风格的深入理解。

四、小结

通过"生涯启蒙""认识自我"和"认识环境"，让我们发现了自我生涯发展一个又一个的发展资源。如何更科学合理地运用自己拥有的资源，助力自我生涯更好地发展，如何通过我们的决定，来决定我们的未来。学会抉择，必不可少。

生涯知识

1. 抉择的风险与责任

最佳的战略决策只能是近似合理的，而且总是带有风险的。

——（美）彼得·德鲁克

风险来自你不知道自己正在做什么！

——（美）沃伦·巴菲特

2. 抉择的复杂性

确定无疑的决定：所有的选择及其结果都清楚明白的决定。

有一定风险的决定：每种选择的后果不完全确定，但我们在一定程度上了解可能会有什么样的后果。

不确定的决定：对于各种选择会产生什么样的后果几乎完全不清楚。

3.职业生涯决策中的阻碍

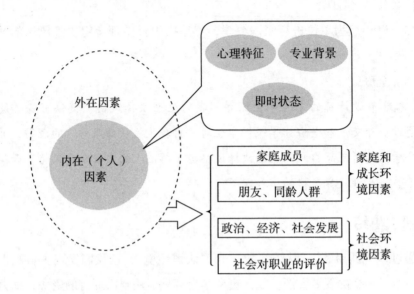

我是这样长大的（节选）

成长需要面对许多抉择，从懂事的一刻起，我们要面临人生路上大大小小的分岔口，经过的路都总是十字形状的，站在中间，茫然无助，突然感到人置身十字路口，并没有绝对的方向；我们害怕抉择，因为害怕抉择错误后，要去面对因自己的错误抉择而带来的伤害。当局外人看到的是"交汇点"，局中人却已身陷其中成为"交叉点"。

第一次要面对人生抉择的是中学毕业那年，左手拿着无线艺员训练班的报名表格，右手拿着应届高等程度教育课程的报名表，顿时觉得自己的前途都掌握在自己手中。

要继续学业吗？还是去读艺员训练班？再念两年中学毕业后又该何去何从？再念大学吗？然后学士、硕士、博士这样一路念下去？还是选修艺员训练班有一技之长，将来无论条件符合台前，还是幕后，总算有门专业知识傍身。

一连串的问题此起彼落在我心中响起，魔鬼、天使各据一方，展开辩论大会。

　　反反复复的考虑，我把自己的优点和缺点逐一写在一张纸上，自己替自己理智地分析利弊；这样念书一直念下去适合我的性格吗？我喜欢艺术工作吗？我可以吃苦头吗？我喜欢什么样的人生？平稳安定？还是多姿多彩，充满挑战？

　　要到那一天才明白，人才是自己生命最大的主宰，向左还是向右走都是自己决定的路。

　　我的心做了我的指南针，只有它才最明白我要的方向，也是它教我最后选择了左手的那张报名表格。

　　我把这个决定告诉父亲，他听后皱了皱眉头，问："你肯定了？"

　　我用力点头。

　　父亲沉默了一会，最终也点下头。在那一刻，我有种如释重负的感觉，"我大个仔了！"我跟自己说，因为终于替自己解决了人生的第一个交叉点。

——摘自刘德华自传《我是这样长大的》，有删改

第二节　抉择有道

——用方法破解抉择困难症

命名说明："有道"是本节课的核心词。通过"桃园摘桃"活动，我们明白了生涯抉择绝非简单之事。那么，如何破解人生中各种抉择，有没有很好的工具和科学的方法可供我们抉择，从而开启生涯发展的坦途，这便是本节课要着力解决的问题。

活动目标：

（1）引导学生积极参与探讨和交流，并能坦诚分享在活动中的各种体会。

（2）通过活动引导学生认识生涯平衡单的具体知识。

（3）通过活动，使学生熟练掌握生涯平衡单。

活动地点：教室。

活动所需材料：A4纸（100张，每人2张）、水性笔1支/人。

课前分组：随机分组（8组为宜，5~6人/组）。

热身歌曲：《天道》（《烈阳天道1》主题曲）。

提升歌曲：《天道为何》。

一、热身活动

导入语：人的一生都在做抉择，而抉择的核心是"比较"，它集中体现为一门放弃的艺术。之所以需要"做比较"，是因为它需要个人在多项选择之间权衡利弊。而"放弃的艺术"在于，舍弃感性的低价值喜爱，遵循理性的更合理的选择，最终形成价值最大化的过程。冷酷一点说，抉择之道的核心是"择有利，去有害"。

生活可不是玩过家家，非黑即白，非对即错。它常常是以两难的抉择出现，无论你怎么选，都一定会有放弃。下面，我们先做一个关于抉择的小游戏，初步感受抉择。

活动名称：抉择 2 问

案例 1：住在田里的青蛙对住在路边的青蛙说："你这里太危险，搬来跟我住吧！"路边的青蛙说："我已经习惯了，懒得搬了。"

（1）提问：你会建议它搬，还是不搬呢？

（2）个人回答：搬 / 不搬。

【设计意图】引导学生凭直观回答"如何面对选择"，这也是检测学生平常对于"抉择的态度和方法"。

案例 2：有个年轻人，小时候就显示出了唱歌的天赋。长大后，他选择了自己最喜欢的职业——教师。不幸的是，学生们经常因他缺乏经验而捣乱，最终他被迫离开了学校。于是，他又选择了另一个喜欢的职业——唱歌。

可是，七年过去了，他还是个无名小辈，甚至还没有养家糊口的能力，他苦恼极了。偏偏在这个时候，他的声带上长了个小结节。在一场音乐会上，他的声音就好像脖子被掐住的男中音，在满场的倒彩声中被轰下台。

失败让他产生了放弃的念头……

（1）提问：你会建议他放弃，还是坚持呢？

（2）个人回答：放弃 / 坚持。

【设计意图】再次检测学生平常对于"抉择的态度和方法"。

【本环节总体设计意图】通过 2 次对学生"抉择的态度和方法"的检测，引发学生对于"如何抉择"的思考。2 个案例实际上有递进关系，案例 1 来自"动物的寓言"，意在增加趣味性，调动学生的参与热情；案例 2 选择了"年轻人的抉择困境"，意在贴近学生，引发他们的"换位思考"。2 个案例由"动物"——"自己"，层层推进。

二、认识抉择

引导语：两个抉择有不同，这本身就说明了抉择本身具备的艰难性。为什么做抉择会如此让人难以操作，它的难点究竟在哪里？

我国生涯规划研究专家沈之菲为生涯抉择下了一个定义：生涯抉择就是个人在多项选择之间权衡利弊，以达成最大价值的历程。

【设计意图】明确"生涯抉择"的定义，为学生正确、科学学习和思考"生涯抉择"打下基础。

（一）活动名称：感受抉择之难

再次让学生就上面提及的两个案例进行分析探讨，以引导学生深化对生涯抉择之难的感受。

（二）活动规则

案例1：住在田里的青蛙对住在路边的青蛙说："你这里太危险，搬来跟我住吧！"路边的青蛙说："我已经习惯了，懒得搬了。"

（1）小组内探讨如何说服"路边的青蛙"搬家，并给出具体建议。

（2）全班分享。

【本环节设计意图】用"说服他人"的方式，激发学生对于"路边的青蛙"现实情况的初步梳理和分析，引导他们对于"生涯抉择"定义的理解。

【两个案例总体设计意图】用"说服他人"+"自我抉择"组合，力求全面地让学生体验"生涯抉择"的不容易，这也为下一个小环节做好了铺垫。

（3）小诗渲染抉择之难。

风　险

佚名

笑，有被人视为傻瓜的风险。

哭，有被人视为伤感的风险。

求助他人，有与人纠缠不清的风险。

感情外露，有暴露本性的风险。

当众袒露思想和梦想，有为人所不理解的风险。

爱，有不被对方爱的风险。

活着，有死去的风险。

希望，有绝望的风险。

尝试，有失败的风险。

……

【本环节设计意图】用这首小诗说明"生涯抉择"的不易，由此引发学生对"生涯抉择"的重视。但是在这个环节中，应特别注意给予学生克服"困难"的鼓励，以免因为过度渲染而导致学生产生消极畏难的情绪。

【本部分总体设计意图】用"说服他人"+"自我抉择"组合，力求让学生初步理解"生涯抉择"的定义。渲染"抉择不易"是为下一个环节分析"生涯抉择难在何处"做好铺垫。

三、抉择难在何处？

引导语：通过对于"路边青蛙"的劝说和艰难抉择的感受，相信大家对于艰难的抉择有了一个初步的认识。那么，具体分析，究竟抉择难在哪里呢？

1. 心态——患得患失

根本原因：生涯抉择，就是个人在多项选择之间权衡利弊。

2. 行动——迷茫无措

根本原因：缺乏具体可操作的方法。

【本环节设计意图】抓住"抉择难"这个关键点，引导学生理解"抉择究竟难在何处"，顺势为下一个环节"抉择得法"做好铺垫。

四、抉择得法

引导语：针对以上两大方面的困难，我们在生涯抉择中需要做好以下几点。

1. 心态——直面担当

在艰难的生涯抉择中，我们首先得拥有勇于直面困难、敢于面对挑战的勇气。这不仅是一种积极担当的精神，更可能会为自己的生涯发展开创一个精彩的未来！

【本环节设计意图】积极的心态是"科学抉择"的前提，但单纯讲心态，没办法深入，所以要引用案例佐证。

引导语：当然，生涯抉择之难并不会因为我们敢于积极面对，就可以解决所有问题。如果没有具体可操作的科学方法指导，我们依然会困顿在艰难的生涯抉择中难以自拔。所幸的是，生涯规划研究的前辈们通过科学研究，为我们提炼出一个生涯抉择的工具——SWOT 生涯平衡单。有了这个抉择工具，就可以让我们抉择的思路更加清晰，思想更加理性。

2. 行动——SWOT 生涯平衡单

（1）SWOT 生涯平衡单介绍

生涯平衡单是由詹尼斯（Janis）和曼（Mann）设计，将重大事件的思考方向集中到以下四个主题上：

①自我物质方面的得失。

②他人物质方面的得失。

③自我赞许与否。

④社会赞许与否。

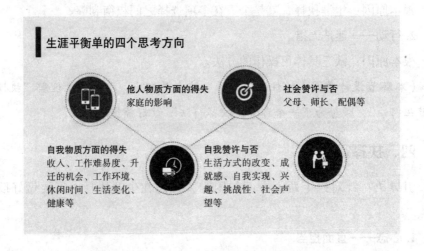

生涯平衡单的四个思考方向

他人物质方面的得失
家庭的影响

社会赞许与否
父母、师长、配偶等

自我物质方面的得失
收入、工作难易度、升迁的机会、工作环境、休闲时间、生活变化、健康等

自我赞许与否
生活方式的改变、成就感、自我实现、兴趣、挑战性、社会声望等

【**本环节设计意图**】"SWOT 生涯平衡单"是本节课重点向学生推荐的生涯决策方法，前面所做的铺垫都是为了引出这个方法。让学生理解并初步掌握这个方法是本节课的重点，所以在原理讲解后，还设计了当堂训练，以引导学生更好地理解和掌握该方法。

（2）方法演练

案例 2：有个年轻人，小时候就显示出了唱歌的天赋。长大后，他选择了自己最喜欢的职业——教师。不幸的是，学生们常常因他缺乏经验而捣乱，最终他被迫离开了学校。于是，他又选择了另一个喜欢的职业——唱歌。

可是，七年过去了，他还是个无名小辈，甚至还没有养家糊口的能力，他苦恼极了。偏偏在这个时候，他的声带上长了个小结节。在一场音乐会上，他的声音就好像脖子被掐住的男中音，在满场的倒彩声中被轰下台。

失败让他产生了放弃的念头……

任务：请用 SWOT 生涯平衡单帮助这个年轻人通过分析，最终"达成最大价值"的抉择。

SWOT生涯平衡单

	优势（Strength）	劣势（Weaknesses）
自身因素分析	1. 有唱歌的天赋 2. 喜欢唱歌 3. 利用优势和机会的组合	1. 无名小辈 2. 声带上长了个小结节 3. 产生了放弃的念头 消除劣势和危机的组合
	机会（Opportunities）	危机（Threats）
外部因素分析	1. 可以在音乐会上登台 2. 3. 改进劣势和机会的组合	1. 在满场的倒彩声中被轰下台 2. 3. 监视优势和机会的组合

【**本环节设计意图**】本部分以案例 2 为训练题目，一为前后呼应，二为最大限度地利用资源。运用"SWOT 生涯平衡单"帮助这个年轻人通过分析，最终"达成最大价值"的抉择。通过这个任务，引导学生理解并初步掌握这个方法具体是如何运用的，为学生以后理解和运用这个方法打下基础。

最终可能出现的抉择：

① 坚持。

SO 组合——利用优势和机会的组合：有唱歌的天赋（内部）+ 喜欢唱歌（内部）+ 可以在音乐会上登台（外部）。

SW 组合——改进劣势和机会的组合：有唱歌的天赋（内部）+ 喜欢唱歌（内部）+ 无名小辈（外部）+ 声带上长了个小结节（外部）+ 产生了放弃的念头（内部）。

② 放弃。

WT 组合——认清劣势和危机的组合：无名小辈（内部）+ 声带上长了个小结节（内部）+ 产生了放弃的念头（内部）+ 在满场的倒彩声中被轰下台（外部）

WO 组合——权衡劣势和机会的组合：无名小辈（内部）+ 声带上长了个小结节（内部）+ 产生了放弃的念头（内部）+ 可以在音乐会上登台（外部）

教师点评：结合生涯平衡单，我们可以很清楚地看到各种组合的意义，这为理清我们的思路、合理进行选择提供了最终价值与最大化的抉择。选择"坚持"的同学，恭喜你们为世界保留了一个伟大的歌唱家，享誉世界的世界三大男高音演唱家——帕瓦罗蒂。而选择了"放弃"的同学，我们可以思考这样一个问题：我们的方法很科学，分析也很严谨，那究竟是什么原因让我们扼杀了一名世界级音乐家？

【本环节设计意图】在现实课堂中，可能选择"坚持"的人数会很多。当然，既然是自由分析，也会有学生选择"放弃"。抓住这个机会，其实正好可以引导学生认识再好的"方法"也会有局限性。

所以，我们对于可使用的方法，应保持科学、理性的认识。

（1）SWOT 生涯平衡单这个方法并没错，但我们却不能唯方法！因为方法从本质上讲，只是帮助我们到达目的地工具。

（2）在我们熟练掌握了 SWOT 生涯平衡单这个方法后，还需清晰地认识到：我们不仅需要手上有方法，还得心中有信念，二者合一，方得生涯抉择大道。

【本部分设计意图】由"方法论"上升到"思想认识",不但引导学生破除了"过度迷信方法"的弊端,而且还形成了本节课所有环节最终的升华。

五、教师小结

本节课对学生的"生涯抉择"授之以法——SWOT 生涯平衡单。但人生的抉择,绝不只是有了科学的方法就可以解决一切问题,我们通过各种方法唤醒学生"敢于直面生涯抉择,勇于进行科学抉择"的积极心态才是最根本的目的。人生道路漫长,抉择从来不易,"敢于直面生涯抉择,勇于进行科学抉择"至少可以让我们的学生可以最大限度地减少因为"不当生涯抉择"所导致的后果,这就是"为了学生终生发展"最好的辅助。

生涯人物

"阿甘厂长"带领残疾员工实现超千万营业额

获评感动中国人物后网店营业额增长十几倍

3月4日晚,《感动中国》2022年度人物颁奖典礼上,"阿甘厂长"陆鸿憨憨的笑容感染了所有人。他是一名脑瘫患者,也是营业额千余万的工厂厂长,颁奖辞说他"从不抱怨,只想扼住命运的喉咙,能吃苦,肯奋斗,有担当,似一叶扁舟在激湍中逆流而上"。3月5日,陆鸿告诉北京青年报记者,节目播出后,他的网店后台收到了上千条私信,多是祝贺、鼓励他的,才半天时间,店里的营业额也达到平时一天的十几倍。原来他不够自信,但上过《感动中国》的舞台后,他胆子大了,决定向更多人分享自己的创业经历,这样也对这个奖问心无愧。

陆鸿说,一路走来,他遇到过很多困难,但印象中没有哪个特别难,因为他发现从自己身上找原因再去想办法,很多困难都可以解决。"残疾并不可怕,可怕的是很多残疾人认为自己没用,我也希望能激励、帮助更多残疾人。"

感动中国的"阿甘厂长"带领残疾员工实现年营业额超千万元

陆鸿今年45岁，是苏州市缘跃纸制品有限公司的负责人，也被称为"阿甘厂长"。不满一周岁时，一场中毒性脑炎让他成了一名脑瘫患者，他的小脑指挥神经失常，影响了肢体和表情的控制，头也常不受控制地晃动。身体上的"不一样"让陆鸿在找第一份工作时碰了壁，职高毕业时，本该接收他的工作单位拒绝了他。后来，他在叔叔的工厂里学习"敲白铁皮"的手艺，还学会了骑自行车，正是那段骑自行车上班的时光，让他的体态更接近了正常人。

在叔叔的工厂干了两年后，陆鸿辞职了，并从2002年开始创业，他修过自行车，开过报刊亭、电话亭和碟片店，开过专门出售视频素材的网店，又跟店里的顾客学了摄影。2012年，他终于开了自己的照相馆，并苦练修图技术，凭着这一绝活，照相馆的生意越来越好。不少顾客总问他要和照片配套的相册，陆鸿和妻子商量后决定自己制作相册，从家庭作坊做起，一步步发展成了如今营业额超过千万元的企业。

3月5日，陆鸿告诉北青报记者，多亏当地政府帮他解决了厂房问题，他的相册工厂才能做起来，甚至在疫情期间还新增了外贸业务，目前工厂各个渠道的网店有十几家，厂里的48名员工中，有35人是残疾人。2022年，工厂的营业额达1300多万元。就像他在《感动中国》颁奖典礼上说的："人生贵自强，一方面确实是我自强、坚持，另一方面，我也遇到了很多贵人，包括政府也协助我度过了很多难关。"

站上课堂分享创业经历，希望对这个奖问心无愧

十几天前，陆鸿就参加了《感动中国》颁奖典礼的录制，回家后他仍旧全身心扑在工厂里的工作。生活似乎没有变化，但陆鸿又确实发生了改变。他说，镇里之前就想给他开个课堂让他分享自己的创业经历，但他一直犹豫着，录完节目回来后，他答应了。"镇里领导一直很重视，我想着我都感动中国了，更应该感动更多人，就胆子大了一把，答应了。其实我还做的不到位，如果是我自己评，我不敢说自己感动中国，希望多做点事，对这个奖问心无愧。"

苏州吴江区平望镇宣传委员刘森告诉北青报记者："一路走来，陆鸿身上体现着敢为敢闯敢干敢首创的精气神，他常说'干就行了'，所以我们结合他的自强故事，推出'陆鸿·Gan课堂'，线上线下融合分享他的创业奋斗经历，感动鼓舞更多的人走好自强人生路。"接下来，当地还计划让"陆鸿·Gan课堂"走进校园、社区，激励更多青年、创业者、残疾人等群体。

3月3日，陆鸿第一次站上了这个课堂，给镇上的约80名观众分享了自己的创业经历。他说自己起初特别紧张，但他明白一定要走出这一步，"我讲的时候，下面好几次响起了掌声，有的人还流泪了。"陆鸿开始相信，自己的经历确实能激励一些人。

获奖后网店营业额增长十几倍，提醒大家理性消费

3月4日，《感动中国》颁奖典礼播出后，陆鸿也收到了更多网友的反馈。仅半天的时间，他的网店后台就收到上千条私信，基本上都是祝贺他、鼓励他的，因为无法一一回复，他干脆写了感谢信挂到了店铺首页。

陆鸿说，厂里运营时间最短的网店平时一天的营业额大约3000元，但目前不到半天时间营业额就达到了两三万元，是平时的十几倍，这种爆发式的增长可能无法持续，他做生意追求的是循序渐进，这样也能保障员工的收入稳步增长。"特别感谢大家的关注和鼓励，但我们还是希望大家理性消费，真的需要才下单买相册，不需要的不用买。如果真的想支持我们，写几句鼓励的话也能让我们更有动力。"

工厂正常员工和残疾员工待遇一样

北青报：您工厂的员工有正常人和残疾人，两者的工资待遇会有差别吗？

陆鸿：在我的工厂里，残疾人员工和正常人员工工资待遇都是一样的。残疾人来到我厂里，我都把他们当正常人看待，正常人员工做错了我会说他们，残疾人员工做错了我也说，需要他们互帮互助厂子才能好。有正常人员工不理解，现在他们也越来越理解了。

北青报：那这些残疾人员工都分别做哪些岗位呢？

陆鸿：我们工厂其实运行已经很成熟了，残疾人员工也都能胜任相应的工作。肢体残疾的员工可以做客服或者手工，我们工厂也制作文创产品，像皮本子、明信片，就会用到手工；聋哑的员工可以做体力工作，也可以做手工；有智力障碍的员工可以负责包装；视障员工也可以套袋子，承担比较重复、固定的工作。

有残疾人员工在工厂干了11年，从不会用电脑到做电商主管

北青报：残疾人员工中有没有干得特别好的？

陆鸿：有个员工叫陆志诚，从我开始创业就跟着我，已经11年了，也是所有员工中跟我时间最长的。他双腿残疾，平时走路需要拄拐，他在隔壁镇，那里有很多电商高手，我本来是想从他们镇挖个电商高手过来，但他其实刚来的时候连电脑也不会用，我的手和脚不好，他能代替我的手和脚，我负责技术，他负责操作、销售，我们俩通过努力，慢慢就做起来了。现在他是电商主管，带着一个5人的团队，负责十几家网店运营，他一年工资能有二十几万元，基本解决了温饱问题。

看到我获奖，天上的爸爸应该是满意的

北青报：您获评《感动中国》年度人物之后，家里人是什么反应？

陆鸿：节目播出后，我妈妈是第一个祝贺我的人，她也喜欢宣传自己的儿子，应该是很自豪吧。我在颁奖典礼上说，我很想对天上的爸爸说一句话，我能养活我自己，我也能为家里赚钱，我更加能帮助更多残疾人。我爸爸如果看到我这样，应该也是满意的吧。在我们的家族群里，大家说爷爷和我爸爸看到我这样也会为我高兴，能放心。我爷爷生前是我们当地一个酱菜品牌的创始人，他是个企业家，也是后辈的榜样。听到大家那样说，我觉得是对我最好的肯定。

北青报：在您创业过程中，家里人对您也是很支持吧？

陆鸿：最支持我的就是我的妻子，她现在负责工厂的管理，在家里也是我的上司，我做的决定她也都会支持。我妈妈则用另一种方式支持我，她有时会反对我的决定，越是这样越能激起我的斗志，有点像"激将法"。

残疾并不可怕，可怕的是很多残疾人认为自己没用

北青报：工厂在疫情期间营业额还实现了增长，这是怎么做到的？接下来有没有扩招残疾人员工的计划？

陆鸿：我平时有个爱好，就是买设备，然后把它改造得适合我们的残疾人员工操作。每年投入几十万元，但有时设备买回来也没用。疫情期间，义乌一些企业的外贸业务停了，就有外贸公司找过来，我们的设备刚好能做，就发展了外贸业务。另外，疫情期间，我看电视上有人做口罩辅助带受到启发，就自己研发了一款，也卖得不错。我现在主要就是负责设备维修、改进、新品研发和经验分享。

目前，我们在各个平台总共有十几家网店，每天营业额大约五六万元，好的时候能达到十万元，也希望我们的生意能稳步增长，让员工放心在这儿干，也多带动一些残疾人就业。

北青报：一路走来，您觉得哪个阶段最难？

陆鸿：困难特别多，但印象中没有哪个特别难，因为我爱回顾、爱珍惜，我分析发现从自己身上找原因再去想办法，很多困难都可以解决。残疾并不可怕，可怕的是很多残疾人认为自己没用，我也希望通过自己的经历激励、帮助更多残疾人。有句话我说了可能会被指责，我还是想说，我觉得残疾人应该把自己当成残疾人，再针对自己的缺陷想办法弥补，然后找到自己能做的事就先练，顺手了之后再反过来继续训练自己薄弱的地方。因为我原来也有过这样的想法，我不觉得自己多残疾，有这样的想法其实就"踩坑"了。

——选自《北京青年报》，有删改

第三节　尊重抉择

——我的决定我负责

命名说明："尊重"是本节课的核心词。在熟练掌握了"SWOT生涯平衡单"后，有利于我们在生涯抉择时，理清思路，权衡利弊，做出价值最大化的最终抉择。抉择后，生涯实践便已开启。由于人处于不同的时空背景下，思想和认识会发生一定的变化，再加上抉择本身就是权衡后的产物，所以难免在思想上会产生一定的摇摆。如何坚定自己最初的抉择，其实是一件值得好好研讨的事情。

活动目标：

（1）引导学生积极参与探讨和交流，并能坦诚分享在活动中的各种体会。

（2）通过活动，引导学生认识尊重自我抉择的价值。

活动地点：教室。

活动所需材料：A4纸（100张，每人2张）、水性笔1支/人。

课前分组：随机分组（8组为宜，5~6人/组）。

热身歌曲：《初心》。

提升歌曲：《坚守梦想》。

一、热身活动

导入语：抉择之苦，天地悬隔。在我们经历了一番痛苦的犹豫和理性的权衡之后，终于做出了一个价值最大化的抉择。由此，朝着自己选定的生涯方向努力奋斗便成为主要的任务。不过，在行动的过程中，特别是当我们遇到困难和挑战时，思想上难免会出现一些动摇。如何再次评估，并坚守初心，需要我们慎重对待。下面，就让我们通过一个小活动来感受所做出抉择的重要性。

（一）活动名称：张晓勇的苦闷

姓名	张晓勇	性别	男	出生日期	1974 年
籍贯	湖南省长沙县	家庭经济状况	一般		
学习经历	1991 年，长沙县高考状元 1991 年，被清华大学生物科技专业录取 1996 年，清华大学生物科技专业毕业				
工作经历	1996 年，进入广州宝洁公司总部担任接话员工作				
遭遇困境	有社恐，在工作中每次接起电话时，是他内心最煎熬的时刻，因不擅长与客户沟通，所以对客户反馈的一些问题，他都无法准确理解，从而造成沟通困难。工作了五年，还只是个接话员。 2001 年，张晓勇的父亲患上了尿毒症，家里的经济吃紧。作为家中的独子，他陷入了进退两难的困境……				
张晓勇的抉择	运用 SWOT 平衡单分析，说明理由				

（二）活动规则

（1）小组内通过 SWOT 平衡单分析探讨帮助张晓勇做出最合理的抉择。

（2）结合 SWOT 平衡单分析，并向张晓勇说明你们提出建议的原因。

（3）全班分享。

【本环节设计意图】让学生通过运用 SWOT 平衡单，分析帮助张晓勇做出价值最大化的最终抉择。目的不仅在于促使学生继续学习运用 SWOT 平衡单，而且在于引导学生通过帮助张晓勇而设身处地感受他的不易，为学生提供更真切实际的感受，使他们对于"抉择"不易有更深的理解。

姓名	张晓勇	性别	男	出生日期	1974 年
籍贯	湖南省长沙县	家庭经济状况	一般		
学习经历	1991 年，长沙县高考状元 1991 年，被清华大学生物科技专业录取 1996 年，清华大学生物科技专业毕业				
工作经历	1996 年，进入广州宝洁公司总部担任接话员工作 2008 年，成功应聘为自家小区保安，月薪 800 元				
遭遇困境	1. 在自家小区当保安，每天接触的都是熟人，可以照顾父母，没有业绩上压力。 2. 当老同学发现张晓勇竟然在家当保安后，便邀请张晓勇去他的公司去当业务主管或公司高层，且报酬丰厚。 3. 张晓勇经过深思熟虑后，最终依然决定留下来做保安				
张晓勇为什么会做出这样的抉择?	请运用 SWOT 平衡单，分析张晓勇继续做保安的原因。 你支持他最终的抉择吗，请说明理由				

二、张晓勇再遇人生抉择

活动规则：

（1）小组内运用 SWOT 平衡单，分析张晓勇继续做保安的原因。

（2）讨论：你支持他最终的抉择吗，请说明理由。

（3）全班分享。

【设计意图】对张晓勇最终的抉择，运用 SWOT 平衡单进行分析，帮助学生体会尊重自我抉择的重要性。

三、"无腿勇士"夏伯渝勇攀人生珠峰——尊重抉择的意义

引导语：通过张晓勇坚定自我抉择的事例，我们初步感受到了坚守自我抉择的价值和意义。张晓勇是在照顾父母与追求职业匹配上坚定了自己的生涯抉择。不过，生而为人，当一个人遇到了比张晓勇更艰难的困难和挑战时，你还能坚守自己的生涯抉择吗？

（一）活动名称："无腿勇士"夏伯渝勇攀人生珠峰

在 2018 年 5 月 14 日，"无腿勇士"夏伯渝以 68 岁的高龄第五次冲击珠穆朗玛峰（简称"珠峰"），最终完成了登顶壮举。1975 年，他第一次攀登珠峰，结果双腿被冻伤，导致截肢。到 2018 年 5 月 14 日，"无腿勇士"夏伯渝五次冲击攀登世界第一高峰，最终成功登顶。是什么原因让夏伯渝能坚守初心，克服诸多常人难以想象的困难，最终勇攀珠峰。通过学生对夏伯渝坚守人生抉择的原因的探讨，引导学生深化对坚守生涯抉择价值的理解。

"无腿勇士"夏伯渝的坚守

	坚守初心	挑战与困难
第一次攀登（1975 年）	1975 年第一次见到珠峰，便被它的伟大和壮观深深地震撼，由此他做出了自己终生为之奋斗的抉择——登顶珠峰	攀到海拔 8600 米时遭遇暴风雪，下撤途中双脚严重冻伤，导致截肢（痛恨珠峰）
第二次攀登（2014 年）		珠峰南坡发生严重雪崩，多名高海拔工作者不幸身亡，登山道路也被冲毁（遗憾放弃）
第三次攀登（2015 年）		尼泊尔发生大地震，他的珠峰梦想再次搁浅（遗憾放弃）
第四次攀登（2016 年）		距顶峰不到一百米时，暴风雪阻拦了他（遗憾放弃）
第五次攀登（2018 年）		成功登顶

（二）活动规则

（1）组内探讨："无腿勇士"夏伯渝为什么会在第一次攀登失败被截肢后，依然坚守自己的生涯抉择43年，直至登顶成功？

"无腿勇士"夏伯渝坚守初心43年的价值和意义是什么？

（2）全班分享。

【设计意图】用"无腿勇士"夏伯渝坚守人生抉择43年的故事，引导学生感受坚守抉择的价值和意义。并引发学生思考：在经过严谨细致地分析后所做出的人生抉择，特别是在遇到了困难和挑战之后，该如何坚守最初理性的生涯抉择。

四、抉择之后真的就不可以更改了吗？

引导语：在本节课，我们大家一起了解和分析了张晓勇的职业选择，以及"无腿勇士"夏伯渝43年坚守最初的人生抉择后，似乎有了一个明确的方向，那就是一旦确定了人生抉择，便不再更改。

那是不是真的在抉择之后就不可以更改了？

（一）活动名称

案例：李明从小就喜欢小动物，自己也经常阅读生物方面的书籍。到了高中阶段，他非常喜欢生物这个学科，并立志未来要成为一名优秀的动物医生。由于其对生物浓厚的兴趣和积极主动的学习热情，通过重重考核，他参加了全国高中生物竞赛并获得了省二等奖的佳绩。当他把自己未来立志成为一名优秀动物医生的愿望说给父母听时，遭到了父母的一致的反对。

假如你就是李明，你是坚持自己的抉择，还是做出改变？请说明理由。

（二）活动规则

（1）组内探讨：李明是否该坚持自己的抉择？请说明理由。

如果李明坚持自己的抉择，该怎么才能真正获得父母的支持？

（2）全班分享。

【设计意图】借助对李明的案例探讨，帮助学生明晰如何判断自己的抉择是否科学理性。而说服父母，则引导学生学会设身处地体会坚持自己抉择的不易，同时由此引发学生思考如何调动自己生涯发展最重要的资源之一——父母。

五、教师小结

本节课借助两个案例分析与探讨，帮助学生进一步熟练掌握"生涯抉择"的重要工具——SWOT 生涯平衡单。同时，引导学生在经过了科学严谨的分析和权衡后，坚持自己的人生抉择，勇敢直面困难和挑战，并在克服困难的过程中积极寻找助力自我生涯更好发展的资源和动力。

📇 生涯人物

"无腿勇士"夏伯渝

夏伯渝，1949 年出生于重庆，名字中的"渝"字就是其父母为了纪念他的出生地而起的。

"听父母说，我就出生在临江门附近。父母那时是搬运工人，他们在抗战时为了避战祸从武汉来的重庆，在重庆陆续生了我们兄妹几个。"夏伯渝曾在接受重庆媒体采访时表示，取名之时，父母一是想纪念他出生在重庆，二是想让他能有重庆人耿直豪爽、吃苦耐劳的品性，所以就在他的名字里面加了个"渝"字。

1956 年，夏伯渝跟随父母迁到青海，后来成为一名专业运动员。1974年，中国登山队去青海选拔第二次攀登珠峰的队员，正在青海接受专业足球训练的他抱着试一试的心态参加了选拔，最终以其超强的身体素质成功入选。

1975 年，夏伯渝第一次攀登珠峰时，把睡袋让给一位丢失睡袋的藏族同胞，导致自己冻伤，双小腿被截肢。

1993 年，夏伯渝罹患癌症。虽然历经截肢、癌症、多次大手术等磨难，他却始终用独有的坚强、乐观与执着对抗着人生骤变和世事沧桑。为了再次攀登珠穆朗玛峰，他屡次挑战自我，不断克服常人难以想象的障碍，勇做生命强者。

2011 年 7 月，在意大利举行的攀岩世锦赛上首次设立了残疾人组，60 岁的夏伯渝凭着过去攀登的基础和良好的身体素质，同时克服了常人难以想象的困难，仅训练了两个月，就夺得了双腿截肢项目男子组难度赛和速度赛的两项世界冠军。

2014—2015 年，夏伯渝登珠峰连续遭遇雪崩和地震。

2015 年 8 月 2 日，夏伯渝参加了央视大型励志挑战节目《挑战不可能第一季》第一期的录制，现场挑战的项目是极限攀岩，最终，他穿着假肢进行攀岩，挑战成功；在《挑战不可能》节目组的帮助下与当年的中国登山队的成员团聚，三位评委给出了三盏绿灯，夏伯渝与他的队友们一起进入挑战不可能的荣誉殿堂。

2016 年 5 月 13 日，第四次攀登珠峰，在海拔 8750 米的时候遭遇了暴风雪，距离顶峰只差 94 米，被迫下撤。

2017年1月27日，夏伯渝重返《挑战不可能第二季》总决赛的现场，向大家继续讲述自己的第四次攀登珠峰的经历。

2017年12月，夏伯渝递交了登山手续，准备次年5月向峰顶奋进。

2018年1月，尼泊尔发出禁令，盲人和双腿截肢的残疾人被禁止登山，夏伯渝决定打官司，争取暂停禁令。2018年3月7日，尼泊尔最高法院暂停了禁令。

2018年4月12日，69岁的夏伯渝和团队第五次抵达珠峰大本营。2018年5月8日，夏伯渝从珠峰大本营正式出发；2018年5月14日，四度遇阻却没有放弃梦想的夏伯渝第五次挑战登顶珠峰，最终登顶珠峰，成为中国第一个依靠双腿都是假肢登上珠峰的人。

2019年1月20日，夏伯渝参与了《挑战不可能之加油中国》第一期的录制，他成功登顶珠峰，挑战成功；三位评委一致亮出三盏绿灯，夏伯渝成功晋级荣誉殿堂。

2019 年 5 月 11 日，夏伯渝参与了《经典咏流传第二季》第十一期的录制，与歌手谭维维共同演绎了汪国真的名作《山高路远》。

2019 年 9 月 1 日，在央视《开学第一课》，他以自己的亲身经历，向学生们讲述了自己攀登珠峰的故事以及中国梯的故事。

2022 年 8 月 18 日，他参加了《央视财经 818 晚会》。

人物荣誉

2011 年，在《安踏 2011CCTV 体坛风云人物》年度评选残疾人体育精神奖评选中，首届残疾人攀岩世锦赛冠军、勇于攀登的"斗士"夏伯渝最终获奖。

2018 年 12 月，入选"感动中国 2018 候选人物"。

2019 年 1 月，当选"2018 北京榜样"。

2019 年 2 月，荣获 2019 年劳伦斯世界体育奖年度最佳体育时刻奖。

2019 年 9 月 3 日，《2020 年吉尼斯世界纪录大全》出版，夏伯渝入选。

2020 年 1 月 6 日，荣获 2019 年度"感动重庆十大人物"称号。

◎本章小结

方向决定道路，道路决定命运。在自我的生涯规划中，懂得运用科学理性的生涯工具为自己的生涯抉择服务，方能更好地激发出"内环境"更大的潜力，以及更积极地善用"外环境"的种种资源，如家庭、学校、社会和职业环境等，这一切都将更好地推动我们个人生涯的积极发展。

当然，在践行自己生涯抉择的道路上，肯定会遇到许多诱惑、困难和挑战。如何既能坚守初心、稳定向前，又能合理调整、优化统筹这是我们每个人在生涯规划道路上必须不断修炼的能力。

第五章

计划与调整

（3课时）

在俄国作家屠格涅夫的《罗亭》中，少女娜塔莉亚求学勤勉，很有主见。她想开导一个"语言的巨人，行动的矮子"——罗亭，努力未果，她伤心地承认自己认错了人。

在生活中，"语言的巨人，行动的矮子"的现象也是屡见不鲜。其实，对于生涯规划而言，当我们初步认识后，认识自我、认识环境、学会抉择，自然成了我们不断提升自我，追求人生的目标。然而，该如何将积极的生涯意识、科学的生涯工具和方法运用于自我生涯发展的实践中，是我们每个人必须学习和思考的重要任务。

基于以上认识，我们该怎样通过科学管理自我的生涯目标，形成有序安排、逐步推进行动计划，以最优化的方法管理好宝贵的时间，将是我们本章着力探讨和研究的主题。

本章分三节课完成，分别是：

（1）目标需管理——科学设定目标。

（2）凡事预则立——科学计划。

（3）成功来自分秒——时间管理。

第一节　目标需管理

——科学设定目标

　　命名说明："目标管理"是本节课的核心词。在学习了"生涯启蒙"中的"认识自我""认识环境"和"学会抉择"后，将这些知识和方法转变为具体可操作的生涯实践。确立生涯目标，合理安排行动计划，包括合理规划时间，都成为科学整合自己所拥有资源的必然途径。在这些方面，科学设定目标，并积极进行目标管理是推进自我生涯发展的必要前提。一个胸中有坚定目标的人，才会发出"燕雀戏藩柴，安识鸿鹄游"的感叹；一个胸中有坚定目标的人，才更坚定"长风破浪会有时，直挂云帆济沧海"的信念；一个胸中有坚定目标的人，才会体验"会当凌绝顶，一览众山小"的喜悦。目标对生涯发展具有重要的意义，因此我们才在本节课集中研究和探讨如何科学设定目标，并对其进行管理。

　　活动目标：

　　（1）引导学生积极参与探讨和交流，并能坦诚分享在活动中的各种体会。

　　（2）通过活动，引导学生学习和掌握目标设定的SMART（Specific，Measurable，Attainable，Relevant，Time-bound）原则。

　　（3）引导学生积极思考并改进自己目标管理的模式。

　　活动地点：教室。

　　活动所需材料：A4纸（100张，每人2张）、水性笔1支/人。

　　课前分组：随机分组（8组为宜，5~6人/组）。

热身歌曲：《梦·启航》。

提升歌曲：《向梦想出发》。

一、热身活动

导入语：面对俗儒，曹植高喊：燕雀戏藩柴，安识鸿鹄游；面对困难，李白直言：长风破浪会有时，直挂云帆济沧海。唯有目标明确且坚定者，方可能通过不懈努力，最终体验"会当凌绝顶，一览众山小"的胜利喜悦。我们大家都知道目标的价值和意义，然而在现实生活中却又常常陷入各种干扰和迷惑中，看不见本就在眼前的核心目标。

下面，我们先做一个关于时间的小游戏，初步感受活动的内容。

（一）活动：猎人的目标

情景：父亲是一位经验丰富的猎人，为了培养三个儿子，他带着他们到草原上猎杀野兔。到达目的地，一切准备妥当。在开始行动前，父亲向三个儿子分别提出了同一个问题：你看到了什么？

老大回答道："我看到了我们手里的猎枪，在草原上奔跑的野兔，还有一望无际的草原。"父亲摇摇头说："不对。"

老二的回答是："我看到了爸爸、大哥、弟弟、猎枪、野兔，还有茫茫无际的草原。"父亲又摇摇头说："不对。"

而老三的回答只有一句话："我只看到了野兔。"这时，父亲才点头说："你答对了。"

（二）活动规则

（1）请思考：老大和老二究竟错在哪里？

（2）老三的回答对你有何启示？

（3）全班分享。

教师明确：有了明确的目标，才会为行动指出正确的方向，才会在实现目标的道路上少走弯路。事实上，漫无目标，或目标过多，都会阻碍我们前进。当然，如果你的目标不切实际，要实现心中所想，最终也很可能是一事无成。

【本环节设计目的】借助"猎人的目标"这个故事引导学生对确认目标有一个初步感受，为接下来引导学生深入认识和理解目标奠定基础。

二、悄悄改变的目标

（一）活动名称：狐狸与葡萄

在一个炎热的夏日，狐狸经过一个葡萄园，看到了一串串饱满诱人的葡萄。它停在了葡萄架前想："我正口渴呢，何不跳起来摘一串美美地解渴？"

于是，它……

	目标	实现方式	心理感受	外界影响
第一次努力	摘第一串葡萄，跳得太低（失败）	向前一冲，奋力跳起	我敢肯定它是酸的，换一个	无
第二次努力	摘第二串葡萄，跳得太低（失败）	向前一冲，再次跳起	我敢肯定它里面有虫子	几只乌鸦为它鼓掌
第三次努力	我一定要跳过这个葡萄架（成功）	借助长竹竿，撑竿跳	激动、喜悦	乌鸦们大声夸奖，并献花
冷静后的困惑	我本来是来摘葡萄的，怎么最后变成了跳葡萄架？			

（二）活动规则

（1）思考：狐狸的目标是怎样一步步改变的？

（2）组内交流：是哪些因素影响了狐狸对自己最初目标的坚持？

（3）全班分享。

【本环节设计目的】通过狐狸与葡萄的故事，引导学生结合自身经历思考：在实现目标的过程中，可能会受到哪些因素的影响。面对这些影响因素，如何才能不忘初心，回归到坚持最初目标的正轨上。

三、SMART原则的威力——科学设定目标

导入语：在狐狸与葡萄的故事中，我们也像狐狸一样惊讶地发现：为什么狐狸最初的目标会在不知不觉间发生巨大的变化。结合"猎人的目标"活动，其实我们逐渐明晰了其间的原因——因为过多关注外界，导致核心目标的重要性被逐渐消解。

（一）活动名称：SMART原则的威力

假设狐狸拿到了时光宝盒，它借由宝盒回到了刚到葡萄架下的时候，请你借助目标设定的 SMART 原则，帮助狐狸坚守目标，并成功实现目标。

（二）活动规则

（1）借助目标设定的 SMART 原则，帮助狐狸明确目标。

原则1：具体明确——摘到葡萄解渴。

原则2：可量化的——至少摘到一串。

原则3：可实现性——必须借助工具。

原则4：有价值的——可以解渴。

原则5：有时限的——三次之内。

（2）组内探讨：因为目标明确，狐狸最终吃到了香甜的葡萄，它从这次的成功中会总结出什么经验呢？

（3）全班分享。

【本环节设计目的】再次借助狐狸与葡萄的故事，引导学生学习目标设定的 SMART 原则，并通过情景化的任务引导学生掌握它。最终，通过完成任务，让学生体验目标设定的科学性和技术性。

四、分解与组合——目标实现的方式

导入语：在《隐入尘烟》这部电影中，大龄单身汉马有铁在和贵英结婚之后，开始以一己之力建了一座房子。如果你有机会问他：是怎么一个人建起这么大座房子时，相信他一定会憨憨一笑说：一点一点建。假如又有人问你：如果给你一座馒头山，你该怎样把它吃完？我想，你的回答也只能是：一口一口吃！是啊，当我们确立了一个宏大的目标后，要想实现这个目标，将其分解成一个个小目标，恐怕是实现它的必经途径。下面，就让我们通过一个小活动，来感受如何将宏伟的大目标分解成一个个具体可操作的小目标。

（一）活动名称：山田本一获胜秘籍

1984 年，在东京国际马拉松邀请赛中，日本选手山田本一出人意料地获得了世界马拉松冠军；当记者采访他为何能取得如此成就时，他说："用智慧战胜对手"。

两年后，在1986年的意大利国际马拉松邀请赛中，山田本一再次拿下冠军奖杯。此时，他的获奖秘诀还是"用智慧战胜对手"。

许多人纷纷思考，到底是什么样的智慧，才会让那个看起来瘦弱的山田本一能连续两次拿下世界马拉松冠军？

（二）活动规则

（1）请结合你对于目标实现的理解，尝试分析山田本一获胜的原因。

（2）组内探讨：山田本一成功实现冠军目标的原因。

（3）教师明确：谜底在山田本一退役当教练后，才被揭开。他在自传里说道："每次比赛前，我都要乘车把比赛路线仔细看一遍，并把沿途比较醒目的标志画下来，如第一标志是银行，第二标志是古怪的大树，第三标志是一座高楼……一直画到赛程的终点。"

正式比赛时，山田本一便按照事先分解好的目标，尽量以最快的速度跑完第一段。然后，再继续斗志昂扬地奔赴下一个目标。最终，他将42.195千米的"大目标"拆解为十几个带有特殊标志的阶段性"小目标"，如此便可成功实现最后的大目标——冠军。

"目标管理"的一大特点就在于，其过程易于实现整体目标的自我控制。如果我们一开始就将目标锁定在42多千米外的终点，也许跑到20千米的时候，就会感到全身酸痛、身心疲惫。"目标管理"也可以用在平时的训练中，当你有意识地去拆解当天的运动目标时，只有将目标细化，就更容易坚持，最终完成一个大目标。

【本环节设计目的】通过山本田一成功获取冠军的方法，引导学生体会将宏伟的"大目标"，细化为一个个可操作的"小目标"。同时，以此事例引导学生在现实学习生活中，积极合理地运用分解"大目标"的意识。

五、烧好自己这壶水——目标实现的途径

导入语：当我们运用目标设定的 SMART 原则明确了自己的生涯目标后，以分解和重组的方式具体实现目标。如此之后，我们在实现目标的道路上，就只剩坚持到底一个要做的了。

（一）活动名称：烧好自己这壶水

你家住农村，还在使用木柴生火做饭。今天，妈妈要出门办事，特别叮嘱你要记得烧开一壶水喝。于是，你放下了手里的事情，准备烧一壶开水。

（二）活动规则

（1）请你结合个人的生活经验，向小组同学讲述自己生火烧水的整个过程。

（2）组内探讨：在烧开水的过程中，哪些操作可能会影响水烧开的时间和效果。

（3）小组任务：请将整个烧开水的流程绘制成一张流程图，并标明可能影响水烧开的因素。

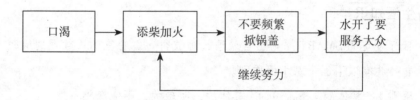

（三）"追求大学目标"的过程

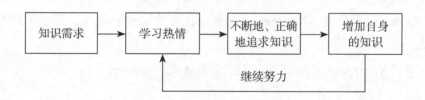

以上流程，廖泉文教授提炼为"烧开水理论"。廖教授指出，人生目标的实现过程犹如"烧开水"。这一过程共包含了三个过程，第一个过程是"不断添柴"，即努力学习，不停地学习，是不停地向社会和环境学习的过程；第二个过程是耐得住寂寞，"不要频繁地掀锅盖"，也就是积累过程不能急于表现自己，这种积累既要求自己吃苦，还要求自己谦虚；第三个过程是"水开了"，沸沸扬扬，证明你的存在。此时，要注意保护它们，不要让烧开的水喷洒出来，浇熄了把水"烧开"的火。

【**本环节设计目的**】通过向学生介绍"烧开水理论"，引导学生深刻认识在实现目标的过程中要"不断添柴",最终才能按时"将水烧开"。由此,引导学生明确树立坚定目标、分解任务,以持之以恒的奋斗精神努力实现目标,为他们发展个人生涯提供可操作的方法。

六、小结

千岩万壑不辞劳,远看方知出处高。溪涧岂能留得住,终归大海作波涛。认识目标的特性,理解目标确定过程中的五原则,合理运用山本田一的目标分解法、廖泉文教授的"烧开水理论",可以很好地帮助学生树立目标管理的意识,积极运用目标管理的科学方法。同时,以猎人父亲、马拉松冠军山本田一为励志榜样,引导学生为自己的未来努力奋斗。

生涯知识

目标设定的 SMART 原则出自管理大师彼得·德鲁克的《管理的实践》一书。它一共有以下五个基本的原则。

原则 1:具体的(Specific)。具体的,明确的,不能含糊不清。

原则 2:可度量(Measurable)。可以量化的,能够明确评估。

原则 3:有挑战(Attainable)。可实现性,同时具有一定挑战。

原则 4:有价值(Relevant)。有意义,有价值,积极的,服务于某个大目标。

原则 5:有时限(Time-bound)。有明确时间限制的。

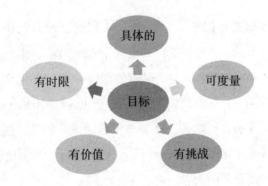

比如，可以这样设定目标：

一天内，背 10 个英语单词，并且能够默写下来。

一周内，能够叫出班上所有同学的名字。

一月内，减肥 2 千克。

一学期内，至少学会 5 首曲子，并能熟练弹奏。

生涯人物

这位东北大妈红遍日本！做 35 年清洁工，逆袭成国宝级匠人！

有着近百年历史的东京羽田机场，日人流量 20 万，在世界最繁忙机场榜上排名第五。但它已经连续四年，被评为世界最干净的机场。

这是它征服了世界最权威的航空业排行网站，来自 106 个国家的消费者，超过 1300 万份调查问卷，才能得到这个称号。

地面几乎可以照镜子，连一粒灰尘都看不到，虽然已经是年近百岁的老机场，却一点也看不到时光的印记。

小孩可以放心地在地面上休息。

然而，所有这一切，却有赖于机场的一位灵魂人物，约五十岁的中国大妈郭春艳。

带领 700 人的清洁团队，被封为日本的清洁女王，国宝级匠人，畅销书作家，现在的郭春艳，收获了作为一名清洁工所能享受到的最大荣誉。

但是郭春艳的人生，有一半是在逆境中度过的。

1970 年，郭春艳在中国沈阳出生，父亲是第二次世界大战时被留在中国的日本遗孤，后来与中国女人相识结婚。

从小学起，她就因为自己的日本血统而受到各种欺负。

17 岁时，一家人移居日本。

父母没能立即找到工作，一家人的生活极其艰难。还是高中生的春艳，没日没夜地打工，做着唯一肯雇佣她的保洁工作，赚取生活费。

在日本，清洁工人的社会地位不高，不论是打扫卫生时，还是跟客人说"请"时，他们都不理她，看都不看她，人们完全不把她当一回事。

自身的存在不被认可，找不到容身之处，郭春艳的心里五味杂陈。还以为这辈子，都要被人欺负。

23岁时，郭春艳开始在羽田机场做保洁员。在这里她遇到了一个改变自己命运的上司。

铃木优，精通污渍处理和清洁剂，是清洁界的行家。

在铃木优的指导下，郭春艳逐渐发现了打扫的乐趣。

不知不觉中，她坚定信念，既然自己只有保洁这份工作了，那就把它做到极致吧。

可是无论她怎么努力，铃木优从来没有夸奖过她。"再用点心"，他总是这样说。

有一天，铃木问春艳，有没有兴趣参加全国保洁员技能比拼大赛。春艳对自己的技术很有自信，本以为自己绝对是第一名，没想到预选赛时成绩却是第二名。

"自己到底哪里不足？"春艳怎么也想不明白。

有一天，铃木优突然停下手里的活，对她说道："如果心态不够从容，是无法做好保洁工作的。"

心态不够从容的人，是不能温柔待人的。

春艳第一次明白，铃木优一直说的话了，"不仅是技术，还有对使用者的关怀。"不给人们造成麻烦，甚至要考虑到看不见的地方和异味。

跟随铃木优特训两个月后，春艳在技能比拼大赛全国总决赛中，完美胜出，以最小年龄，获得全国第一。

她把结果告诉铃木优，铃木优却说："我知道你一定会赢。"那一刻，郭春艳哭了，这是她第一次受到别人的肯定。

在没有人收留她的时候，保洁这份工作收留了她，现在她更加确定，保洁工作是她的归宿。

心态改变后，不久春艳注意到一个变化，如果用心打扫的话，人们也开始跟自己说"辛苦了"。

看到机场太干净，人们也不好意思随地扔垃圾了，而是主动把垃圾交给她。

郭春艳，真正把机场当成了自己的家。每天早上六点半来上班，一来就开始爬 50 多层的台阶，就跟工作前的热身一样。

休息期间，她会在办公室练习哑铃，如果没有力气的话，是没有办法工作的。

她会清扫她注意的每一个角落，饮水台下面，烘干机的通风口，用小镜子检查马桶内侧，是否清洗干净，都是一些肉眼很难注意到的角落。

她能根据污渍的种类，从 80 多种清洁剂中选择使用不同的清洁剂。

在有小孩容易碰到的地方，她坚持不使用刺激性的清洁剂。

锃亮的地板，看起来已经没有任何打扫的必要了，可是春艳依旧能发现，上面模模糊糊泛着白光的细微灰尘。

执着，只为了对得起自己的心。

"我觉得自己做的，早已不是清洁工的活儿，而是一份技术活。"曾经无处可去、找不到存在感的春艳，终于找到了自己的归宿。

现在的她，已经是日本家喻户晓的大明星，有时候会被特地邀请去解决公共设施或家庭的顽固污迹，上各种关于生活常识的综艺节目。

她用行动告诉人们，即便是保洁工，也能把人生活出自己的色彩。

第二节　凡事豫则立

——科学计划

　　命名说明："预则立"是本节课的核心词。《礼记·中庸》有言：凡事豫则立，不豫则废。言前定，则不跲；事前定，则不困；行前定，则不疚；道前定，则不穷。在管理学中，拆解开"计划"的两个汉字来看，"计"的表意是计算，"划"的表意是分割，"计划"因从属于目标而存在。"计划"的表层定义是：分析计算如何达成目标，并将目标分解成子目标的过程及结论。对于一个追求生涯发展的人而言，科学有序的计划是不断提升自我，最终成就自我的必须。懂得科学规划的人，可以更有序地将自我生涯发展的大目标分解成一个个具体可操作的小目标，进而制订计划、检测计划、评估调整。作为正处于为自己人生开创一个美好未来的年轻人，学会科学计划，首先从认识和利用"计划"开始。

　　活动目标：

　　（1）引导学生积极参与探讨和交流，并能坦诚分享在活动中的各种体会。

　　（2）通过活动，引导学生学习和掌握制订计划的基本要素和PDCA（Plan，Do，Check，Act）循环技术。

　　（3）引导学生积极思考并改进自己的计划管理模式。

　　活动地点：教室。

　　活动所需材料：A4纸（100张，每人2张）、水性笔1支/人。

　　课前分组：随机分组（8组为宜，5~6人/组）。

　　热身歌曲：《人生》。

提升歌曲：《咸鱼》。

一、热身活动

导入语：有人说："闲时无计划，忙时多费力。"计划的价值和意义众所周知。可是，真的要我们结合自己的生涯目标制订一个科学的计划却也并非易事。首先是怎么制订计划最合理科学？其次是我们制订的计划是否真的和我们的生活实际和自身能力相吻合？在现实生活和学习中，我们制订的计划常常要么失之过细，难以长期执行；要么失之过疏，因为缺乏可操作性而无法落实。总之，制订计划这个看似简单的问题，当我们站在自我发展的立场上看时，往往会发现它真的不简单，非得好好学习、认真思考，在不断的实践中积极总结和提升才行。

下面，我们先做一个关于计划的小游戏，初步感受计划的一些特性。

（一）活动：寻找"柏拉图"

故事背景：古希腊哲学家苏格拉底思想深邃，思维敏捷，许多青年来向他学习。他们都期望成为像老师那样有智慧的人。有一天，大家围在一起，问苏格拉底如何才能成为像他那样伟大博学而受尊敬的人。苏格拉底听后没有直接回答，只是说："今天我们来做一件最简单也最容易的事，每人把胳膊尽量往前甩，然后再尽量往后甩。"

苏格拉底示范一遍后说："从今天起，每天做 300 下，大家能做到吗？"学生们都笑了，这么简单的事，还有什么不能做到的呢？

一个月后，苏格拉底问他的学生："每天甩手 300 下，都有哪些同学坚持了？"有九成的学生骄傲地举起了手。又一个月后，苏格拉底再次问学生时，有八成的学生举手。

一年后，苏格拉底再次问大家："请告诉我，最简单的甩手动作，还有哪位同学坚持了？"这时，只有一位学生举了手，这位学生便是柏拉图。柏拉图继承了苏格拉底的哲学并创建了自己的哲学体系，还培养出了又一位伟大的哲人——亚里士多德。

（二）活动规则

1.请思考：柏拉图是怎么做到按照老师要求每天甩手 300 下的？

2. 如果苏格拉底向学生承诺，只要能做到连续甩手一年，便可以成为像他一样优秀的人，你认为会不会有更多的学生可以像柏拉图一样可以坚持下来，为什么？

3. 假如苏格拉底向学生承诺，需要连续甩手十年，才可以成为像他一样优秀的人。而你又真的很想成为像老师那样优秀的人，你打算怎么做？

【本环节设计目的】以苏格拉底的故事引发大家思考：一旦有了明确的人生目标，怎样做才更可能实现这个目标。而"一年"和"十年"这两个时间段目标难度的不同，可以让学生更强烈地感受到，对于"大目标"更需要科学计划。由此，引发学生思考如何科学计划。

二、好计划才有真未来——"三定一监督"法则

（一）活动名称：小胖减肥记

背景：你的好朋友小胖身高一米六，但体重却高达 85 千克。最近，他很苦恼，向你倾诉说：因为他体重过重，已经多次被同学嘲笑了。这次，他是真的下定决心要瘦身减肥了，彻底解决因体重而被他人嘲笑的问题。

你很愿意帮助好朋友完成这个艰巨的任务。考虑到小胖之前也制订过一些减肥瘦身的计划，但往往都失败了。于是，这次你和小胖决定：一定要制订一个科学的计划，务必确保能在一年内帮助小胖实现"瘦身 25 千克的大目标"。

（二）活动规则

（1）你和小胖在检查之前的减肥计划时发现，小胖之前的瘦身计划只有一周跑几次步，却没有固定确切的执行时间，小胖反思：因为没有固定确切的执行时间，所以他很容易产生"明天再跑"的想法，到最后往往就很难完成了。于是，你和小胖认为这次的瘦身计划第一个要注意的点就是"定时"。

定时——每周一、三、五放学后跑步。

（2）时间确定后，小胖继续反思：之前因为没有相对固定的场所，导致他以为那个地方可以跑步，可到了后却发现场地不平、地面积水等，这导致他不得不放弃当天的跑步计划。这种地点变化带来的影响，也是他之前计划不能落实的原因之一。于是，你和小胖认为这次的瘦身计划第二个要注意的点就是

"定点"。定点——学校操场（安全、平坦）。

（3）时间和地点确定后，小胖再次总结：之前用跑步减肥时，一开始跑的量很大，前几次都可以坚持，但后来就因为身体很疲惫而不了了之。所以，你和小胖都认为这次的瘦身计划第三个要注意的点就是"定量"。定量——分阶段，有明确的跑步量。（刚开始，每次跑800米，然后走400米。可以轻松拿下800米后，增加到跑1200米，走400米。之后，依次递增。）

（4）时间、地点和运动量确定后，小胖还发现：刚开始减肥时，会很严格地要求自己按照定时、定点、定量的计划执行，但后来就会因为各种干扰影响计划的继续落实。比如，身体有点疲惫，或者有朋友邀请他去打球等。所以，你和小胖都认为这次的瘦身计划第四个要注意的点就是"监督"。

监督——自我监督＋外部监督。（小胖和你约定，如果他因为种种原因没有按照计划落实，就必须请你吃大餐等。）

这个计划制订完了后，小胖和你都很高兴。因为从这个计划中，你们看到了一个操作性强，检测、督促清晰的行动方案，小胖开启了减肥瘦身之旅……

【本环节设计目的】以小胖减肥记为情景，引导学生设身处地探索和明确制订一个科学计划的步骤。同时，以生活中这个常见现实需求为例，启发学生将该方法迁移到其他计划的制订中，如学习或其他。

三、计划的核心在于执行——活用PDCA循环

（一）活动名称：小胖蜕变记

PDCA循环是美国质量管理专家沃特·阿曼德·休哈特（Walter A. Shewhart）首先提出的，经过戴明的采纳和宣传，使之获得普及，所以又称戴明环。PDCA循环的含义是将目标管理分为四个阶段，即Plan（计划）、Do（执行）、Check（检查）和Act（处理）。在目标管理活动中，要求我们将各项工作的流程按照：做出计划—计划实施—检查实施效果，然后将成功的纳入标准，不成功的留待下一个循环去解决。这一工作方法是目标管理的基本方法，也是我们管理各种学习和工作的一般规律。

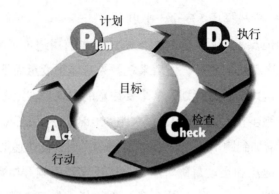

背景：在上一个环节中，我和小胖一起分析了他的现状，并共同找到了他之前减肥失败的主要原因。运用 "三定一监督" 原则，我们制订了一个可操作性强、检测简易的科学瘦身计划。

之后，小胖在我的协助下开始执行他完美的瘦身计划。一个月后，小胖经历了开始痛苦的挣扎与坚持后，瘦身的效果逐渐显现。我们俩再次坐下来探讨……

（二）活动规则

（1）在这个月瘦身训练中，小胖将自己每周瘦身计划中的 "三定一监督" 原则的执行情况，以表格的形式记录下来。

时间	第一周			第二周			第三周			第四周		
	周一	周三	周五	周一	周三	周五	周一	周三	周五	周一	周三	周五
地点												
运动量												
监督情况												

（2）假设你们都是小胖的朋友，请按照以上计划推测，在这一个月的瘦身计划落实中小胖可能会出现哪些困难和挑战，在小组内逐一探讨每个困难的解决方案，解决方案记录如下。

可能出现的困难	解决方案	计划的修正和调整
时间：		时间：
地点：		地点：
运动量：		运动量：
监督：		监督：

　　你和大家对小胖一个月瘦身计划的落实情况，以及小胖可能遇到的困难和挑战的探讨与解决，为小胖提出了很多建设性建议。这让小胖非常感动，也更坚定了他减肥瘦身的决心。于是，小胖对第一个瘦身计划进行了调整，细化了每周跑 800 米的时间要求，补充了如果天气不好就在室内篮球场完成当天的跑步计划等细节。同时，特别提及如果当天身体不适，不强求自己必须完成跑步任务，要适当休息的问题。

　　（3）通过计划制定、严格执行、用心检查检讨和优化处理之后，小胖瘦身计划完美的 PDCA 循环已经开启。

　　教师点拨：一旦小胖瘦身计划完美的 PDCA 循环开始运行，便会很容易地迁移到小胖学习和生活的其他方面，进而直接让小胖的瘦身、学习和生活产生"大环套小环，小环保大环，推动大循环"的效果。大环是健康生活，小环是积极学习和阳光心态。大环是小环的母体和依据，小环是大环的分解和保证。各个小环都促使小胖健康生活的总目标朝着同一方向转动。通过循环把与小胖相关的各项学习和生活有机地联系起来，彼此协同，互相促进。

　　而且这个 PDCA 循环就像爬楼梯一样，一个循环运转结束，健康生活的质量就会提高一步。然后，再制订下一个循环，再运转、再提高，不断前进，不断提高。小胖瘦身计划完美的 PDCA 循环不是在同一水平上循环的，每循环一次，就解决一部分问题，取得一部分成果，目标就往前推进一步，水平就更进一步。

　　当然，只要小胖每通过一次 PDCA 循环，就进行一次总结，提出新目标，再进行第二次 PDCA 循环，使品质提升的车轮滚滚向前。PDCA 每循环一次，品质水平和上进水平均更进一步。

　　由此运行，假以时日，小胖不但完全可以成功实现瘦身 25 千克的"大目标"，而且可能成就拥有六块腹肌的超级猛男的终极梦想……

【本环节设计目的】以小胖减肥记晋级版为情景，引导学生学习和掌握PDCA循环的原理和知识，其目的是让学生更明确在计划执行过程中，如何通过科学有效的总结和管理提升计划执行的效果。

四、小结

认识计划的"三定一监督"原则，通过活动体悟和掌握感悟PDCA循环的原理和知识，相信可以帮助学生更清晰深入地认识，如何科学制订计划及科学有效地监督计划的落实和执行。当一个学生拥有了明确的人生目标，又有了科学有效的计划帮助他一步一步向目标不断奋进，何愁不能创造一个美好的未来？

🗣 生涯知识

PDCA循环

PDCA是英语单词Plan（计划）、Do（执行）、Check（检查）和Act（处理）的第一个字母，PDCA循环就是按照这样的顺序进行质量管理，并且循环不止地进行下去的科学程序。

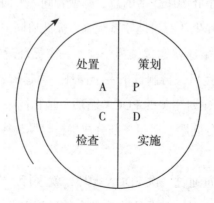

P（Plan）计划，包括方针和目标的确定，以及活动规划的制订。

D（Do）执行，根据已知的信息，设计具体的方法、方案和计划布局；再根据设计和布局进行具体运作，实现计划中的内容。

C（Check）检查，总结执行计划的结果，分清哪些对了，哪些错了，明确效果，找出问题。

A（Act）处理，对总结检查的结果进行处理，对成功的经验加以肯定，并予以标准化；对于失败的教训也要总结，引起重视。对于没有解决的问题，应提交给下一个 PDCA 循环去解决。

以上四个过程不是运行一次就结束，而是周而复始地进行，一个循环完了，解决一些问题，未解决的问题进入下一个循环，这样阶梯式上升的。

PDCA 循环是全面质量管理所应遵循的科学程序。全面质量管理活动的全部过程，就是质量计划的制订和组织实现的过程，这个过程就是按照 PDCA 循环，不停顿、周而复始地运转。

现代观点认为：

P（Planning）——计划职能包括三小部分：目标（goal）、实施计划（plan）、收支预算（budget）。

D（Design）——设计方案和布局。

C（4C）——4C 管理：Check（检查）、Communicate（沟通）、Clean（清理）、Control（控制）。

A（2A）——Act（执行，对总结检查的结果进行处理）、Aim（按照目标要求行事，如改善、提高）。

👤 **生涯人物**

保安—北大毕业生—校长，这是我听过最励志的故事

27 年前，来自山西长治的保安张俊成通过自学考上北大法律专业自考专科，从保安逆袭为大学生，被称为"北大保安第一人"，由此拉开了北大"保安天团"的序幕。

如今，他已在家乡从教二十余载，创办了一所主要面向农村孩子的民办中职学校。他说："北大给我播下了一颗种子，我要把这颗种子带给更多的人。"

"要干就干到最好"——山里的孩子成了北大保安

张俊成出生在太行山区的一个小村庄。在他的记忆里，身上穿的永远是哥哥们留下的旧衣服，鞋也露着脚趾头。早饭多是蒸几个山里摘的小野梨，午饭则是掺了玉米面和高粱面的"三和面"，炒菜时只用浸了油的布头在锅里刷一圈。

因为家贫，张俊成的几个哥哥姐姐先后失学，他作为家中老小，是唯一读完初中的孩子。为了给家里减轻负担，他在初中毕业后就中断了学业，留在家里帮父母务农。

然而，张俊成想走出大山的心一天比一天迫切。软磨硬泡两年多，母亲终于松口让他离家。这一年，张俊成17岁，表哥帮他在汽修厂找了一份工作。8个月后，北京一家保安公司来招人，张俊成报了名，坐上了去北京的大巴。

入职前，需要在保安训练基地进行为期近一个月的训练，由训练成绩决定分配去向。要干就要干到最好，抱着这个信念，张俊成全身心投入训练，拿下军事技能、业务知识、职业规范等多项考核第一，成绩在500多人里排名居首，最终被分入北京大学。

张俊成站岗的位置是有着"北大第一门"之称的北大西门。不站岗的时候，他就找老兵请教业务。两个多月的试用期过去了，张俊成因为业务突出、工作认真被提为西门班班长。而在过去，从新兵到班长，少说也要大半年。

当班长后，张俊成干得越发起劲。他定下规矩：保安岗是北大的第一道窗口，不管校内还是校外，看到有人遇到困难，一定要出手相助。帮师生搬东西、接送来访宾客、护送盲人过马路、帮助素不相识的求助者……张俊成还在值班室准备了打气筒、雨伞等物品，以便随时为需要的人提供帮助。

张俊成带领的西门保安岗赢得了北大师生的尊重和认可。1997年，西门岗被北京市保安服务总公司评为全市十佳保安示范岗。

在北大工作时间越来越长，一个声音在张俊成脑海里越来越强烈："我要改变，我要学习。"但真正让他拿起书本，源于一次"暴击"。

一次，几个没有证件的外国年轻人想进校，张俊成用手势比画进行劝阻，对方不明白什么意思，几番沟通不下，对方走到马路对面，对张俊成做了一个侮辱人的动作。当时，张俊成非常受刺激。第二天，他去买了两本英语书，开始学英语。

白班站岗不能看，张俊成就在夜班无人时自学，还常常大声朗读词句。有一天，北大英语系教授曹燕下班，好奇地问他在干吗，得知张俊成在学英语，曹燕说："你这哪是学英语，粗听我以为你是在念德语呢！"之后，曹燕送来了两张免费的英语听课证，还特意让保卫处关照张俊成的学习。

在曹老师的鼓励下，张俊成知道通过自考也能上北大，于是动了考学的念头。为了争取更多的学习时间，他主动申请连上夜班，每天只睡三四个小时，除了站岗外几乎都在看书刷题，常常连吃饭都顾不上。

功夫不负苦心人。半年后，张俊成考上了北大法律系专科。在随后的 3 年时间里，他啃下了艰涩难懂的专业知识，13 门课程全部以高分通过，成功拿到北大法律专业自考专科毕业证。在他的带动下，有十余名北大保安相继加入读书考学的队伍。

1999 年，张俊成的妻子怀孕，希望他能回家。尽管校保卫队百般挽留，张俊成自己也有千般不舍，但他还是决定离开。

带着一纸北大毕业证，带着三大袋沉甸甸的书，带着 5 年无比珍贵的人生经历，张俊成回到了家乡，顺利入职长治一家中职学校的管理岗位。没过多久，他通过试讲，正式成为一名任课教师，不久后又被安排当班主任。

张俊成接手的第一个班，是个公认的"刺头班"。但张俊成说，没有教不好的学生，只有不会教的老师。他和学生们同吃同住，没事就找学生聊天。受到关注和肯定，有了希望和信心，曾经的"刺头班"在毕业时逆袭成了全年级成绩最好的班级。

回乡四五年间，张俊成辗转多个学校，却始终不曾离开教育行业。他说，刚开始是一种责任感，觉得自己如果不干了，会有很多孩子失去受教育的机会；后来就觉得当老师有"瘾"，看到自己影响了一个又一个孩子，从心底感到快乐。

开办职业学校——"以心为火，为学生点亮心灯"

在中职学校一干 16 年，张俊成对中职教育有了自己的认识和理解，动了自己办校的念头。2015 年，他与朋友们共同出资，开办了长治市科技中等职业学校，张俊成担任校长。

这所学校最大的特色是实行"准军事化管理"。在严格的管理之上，张俊成更加注重对学生的关爱，他倡导老师要"把学生当作自己的孩子一样""努力成为学生最喜欢的老师"。

在长治市科技中等职业学校的一间教室里有一面许愿墙，墙上挂着同学们各种各样的心愿。其中一张写着："当下不负，未来可期。"

来读职校的学生十有八九出身农村，其中不乏家境贫困的孩子。张俊成在校内设置勤工助学岗位，实在交不上费用的还可以缓交，甚至免交。到了假期，学校还会通过校企合作模式为贫困生安排实习机会，帮助他们自食其力。

从一二百名学生起步，到如今的一千三百名学生，张俊成创办的长治市科技中等职业学校已经成为长治市规模数一数二的中职学校，多年来已经为社会和院校输送了数千名人才和大学生。

"过去我觉得教育就是传授知识，但现在我觉得，教育是引路，是老师以心为火，为学生点亮一盏心灯"，张俊成说。

——选自中国青年网，有删改

第三节 成功来自分秒

——时间管理

命名说明："时间管理"是本节课的核心词。对于真正的生涯发展而言，每个人所拥有的时间其实是不一样多的。懂得科学管理时间的人，因为他们对于时间高效地利用而使他们在同样多的时间里，很明显地可以做出更多、更有价值的事情。相反，不懂管理时间的人，不止难以有效完成本该属于自己的任务，还有可能额外耗费更多的时间、脑力和体力。最终的结果是，即使如此，他们在单位时间里所取得的收获也远少于懂得科学管理时间的人。作为正处于为自己人生开创美好未来的年轻人，学会管理时间，首先应从珍惜和利用"分秒"开始。

活动目标：

（1）引导学生积极参与探讨和交流，并能坦诚分享在活动中的各种体会。

（2）通过活动，引导学生学习和掌握时间规划的四象限表。

（3）引导学生积极思考并改进自己的时间管理模式。

活动地点：教室。

活动所需材料：A4纸（100张，每人2张）、水性笔1支/人。

课前分组：随机分组（8组为宜，5~6人/组）。

热身歌曲：《莫等待》。

提升歌曲：《珍惜时间（live）》。

一、热身活动

导入语：古有汉乐府《长歌行》云：青青园中葵，朝露待日曦。阳春布德泽，万物生光辉。常恐秋节至，焜黄华叶衰。百川东到海，何时复西归？少壮不努力，老大徒伤悲。近有曾国藩：天可补，海可填，南山可移。日月既往，不可复追！

对于时间，世人皆知其珍贵和易逝。于是乎每日忙碌奔波于学习和生活中，唯恐时光流逝。然而，在忙碌之中又有多少人真正可以科学管理时间，以同等时间获取更多的收获和成就呢？这着实是一个值得认真研究和探讨的话题。

下面，我们先做一个关于时间的小游戏，初步感受时间的特性。

活动：猜一猜。

谜面：世界上哪样东西是最长又是最短的，是最快又是最慢的，是最能分割又是最广大的，是最不受重视又是最值得惋惜的；没有它，什么事情都做不成；它使一切渺小的东西归于尘埃，使一切伟大的东西生命不绝。

谜底：时间。

【本环节设计目的】以谜语引入本节课的核心词——时间，为接下来引导学生深入认识时间奠定基础。

二、时间的力量——老骥伏枥，志在千里

（一）活动名称：《梦骑士》的背后

《梦骑士》的短片故事源于一次重逢——5位年过80岁的老人，相聚在昔日好友的追悼会上，看到大家年轻时候在海边的照片，勾起了他们骑摩托车环岛旅行的梦想。虽然在照片中的7个人里面，有2人已经离开了人世。在漫长的6个月的准备过程中，他们拔掉了吊针，丢掉拐杖，扔掉药丸，积极锻炼身体。最终穿上帅气的机车装，带上故去朋友和妻子的照片，毅然骑上摩托车，踏上了环台湾岛的旅程。

最终，5个老人来到了年轻时候合影的海边，他们举着朋友的遗像，面朝大海，站成一排。就像年轻的时候一样，依然是7个人，依然是这片海，没有

丝毫物是人非的感伤，只有梦想实现后的豪情万丈。

（二）活动规则

（1）请思考：推动5位80岁老人骑摩托车环台湾岛的动力是什么？

（2）他们在生命的余晖中，体现出一种怎样的珍惜时间的方式，对你有何启发？

（3）全班分享。

经典台词：

人为什么活着？ What do people live for ?

为了思念？ For missing someone ?

为了活下去？ For keep living ?

为了活更长？ For live longer ?

还是为了离开？ Or for leaving ?

去骑摩托车吧！ Let's ride motorcycles!

【本环节设计目的】通过励志短片《梦骑士》，引导学生思考和探索如何珍惜自己所用的宝贵时光，并积极合理地利用之。

三、感受时间

导入语：《梦骑士》中的5位老人热爱生命、珍惜生命中最后时光的举动，深深地打动了我们在场的所有人。那么，让我们继续通过一个小活动来感受自己目前所用的时间究竟有多少吧！

（一）活动名称：感受时间

课前，我们会为每个同学准备好一条同等长度的纸条，并将纸条十等分做好标记。之所以要将纸条十等分，是因为相对应的每个学年大致是十个月。目的是通过对这个纸条的处理，引导学生直观感受时间的宝贵。

（二）活动规则

（1）请将已经过去的时间（9~10月）撕掉。

（2）请将一学年中的周末时间撕掉。

（3）请再撕掉每天1/3的睡眠时间。

（4）请再撕掉吃饭等休息时间。

（5）请再撕掉自己发呆的时间。

（6）请再撕掉自己上厕所的时间。

（7）请再撕掉自己看手机打游戏的时间。

（8）请再撕掉……的时间。

（三）现场采访

1.请问：在刚拿到这张纸条时，你觉得一个学年的时间多不多？

2.在一次次提示中不断撕掉看似无法利用的时间时，你有什么样的心理感受？

3.撕到最后，你有什么样的感悟？

【本环节设计目的】通过一个简单的撕纸游戏，让学生体验到时间流逝之易与珍惜时间之迫切。

四、一分钟的长度

导入语：在撕纸游戏中，我们真切地感受到时间流逝之易。可能有同学由此暗下决心：我要好好珍惜自己的时间。于是，上课、自习等大块时间很可能会被这些同学认真利用。不过，对于在饭堂排队或坐车等待的时间却不甚重视。原因是，这么一点时间都不知道能用它做什么。下面，就让我们通过一个小活动，来感受一分钟究竟有多长吧！

（一）活动名称：一分钟拍手

课中，我们会将全班同学分成 7~8 组，并让按照小组围坐成一圈，现场选出组长。然后，开始一分钟拍手游戏。

（二）活动规则

1. 第一次拍手

（1）小组内每个同学预估，自己可以在一分钟内拍手多少次。

（2）由组长大声上报本组预估最多可以拍手多少次。

（3）由老师发布拍手号令，并进行一分钟计数。

（特别说明：拍手动作必须确保双手掌心相互拍击，方可计数。）

（4）一分钟后，各小组上报自己组内个人拍手最多有多少次。

（5）每组拍手次数最多的同学，向全班展示自己拍手技巧。

2. 第二次拍手

（1）小组内每个同学结合自己第一次拍手的次数，再次预估自己在一分钟内可以拍手多少次。

（2）给每个小组一分钟的交流时间。

（3）由组长大声上报本轮预估最多可以拍手多少次。

（4）由老师发布拍手号令，并进行一分钟计数。

（特别说明：拍手动作必须确保双手掌心相互拍击，方可计数。）

（5）一分钟后，各小组上报自己组内个人拍手最多有多少。

（6）每组拍手次数最多的同学，向全班展示自己拍手技巧。

3. 第三次拍手

（1）小组内每个同学结合自己前两次拍手的次数，第三次预估自己在一分钟内可以拍手多少次。

（2）给每个小组一分钟的交流时间。

（3）由组长大声上报本轮预估最多可以拍手多少次。

（4）由老师发布拍手号令，并进行一分钟计数。

（特别说明：拍手动作必须确保双手掌心相互拍击，方可计数。）

（5）一分钟后，各小组上报自己组内个人拍手最多有多少。

（6）教师点评：

① 拍手方法的不断改进。

② 拍手目标的确定和调整。

③ 拍手 40 秒后同学的表现。

④ 小组交流的价值和意义。

⑤ 展示一分钟拍手吉尼斯世界纪录。

【本环节设计目的】通过看似简单的三次拍手游戏，让学生切身感受到，自己原来在一分钟内可以拍那么多次。只要不断自我改进、积极向他人学习，一分钟的拍手效率会大大提升。同时，吉尼斯世界纪录的展示也让学生认识到自己还有很大的潜力可以挖掘。

五、我的每一分钟

导入语：一个看似简单的拍手竟然包含了那么多关于时间和效率的深刻道理，通过这个活动我们也真切地感受到原来一分钟可以做那么多事。那么，我们该如何最大限地利用好每一分钟呢？

（一）活动名称：时间四象限

时间四象限法是美国的管理学家科维提出的一个时间管理的理论。它把工作按照重要和紧急两个不同的维度进行划分，基本上可以分为四个"象限"：既紧急又重要（如即将到期的任务、财务危机等）、重要但不紧急（如建立人际关系、制订防范措施等）、紧急但不重要（如电话铃声、不速之客等）、既不紧急也不重要（如上网、闲谈等）。

按处理顺序划分：先是既紧急又重要的，接着是重要但不紧急的，再到紧急但不重要的，最后才是既不紧急也不重要的。"四象限"法的关键在于第二和第三类的顺序问题，必须非常小心区分。另外，也要注意划分好第一类和第三类事，都是紧急的，分别就在于前者能带来价值，可以实现某种重要目标，而后者不能。

重要不紧急 （制订工作计划）	重要紧急 （马上做）
不重要不紧急 （勇敢说 NO）	紧急不重要 （委托他人）

（二）活动规则

每日待办事项清单	迈向成功清单
可以做	必须做
可以做	必须做
可以做	必须做
必须做	必须做
可以做	
必须做	
可以做	
必须做	
必须做	

【本环节设计目的】通过向学生介绍时间四象限表格，引导学生学会借用这个表格梳理自己每天"可以做""必须做"的相关事项，并由此将各种事项合理排序，进而提升时间利用的有效度和高效度。

六、成功来自分秒

导入语：撕纸游戏让我们感受到时间流逝之易，拍手游戏让我们知道了一分钟的重要价值，时间四象限加大了我们提升时间利用率的可能，那么在时间的利用和管理上有没有做到极致的范例？下面，就让我们通过一张图片，来感受如何才是最高效利用时间为自己创造美好的人生吧！

（一）活动名称：清华学霸的每日时间规划表

马冬晗，清华大学精仪系 81 班 2008 级本科生。2011 年获得清华大学本科生特等奖学金。曾获得多个奖学金和"优秀个人"称号，是精仪系学生会近些年来第一位女主席。三年学分绩班级第一，连续两年素质测评第一。并历任精仪系乒乓球队、排球队、羽毛球队队长。下面这个每日时间规划表就出自"清华学霸"马冬晗之手。

第 周计划	周一	周二	周三	周四	周五	周六	周日
6：00—6：40	起床、锻炼、早饭	起床、早饭	起床、早饭	起床、早饭	起床、早饭	班级组织春游	起床、早饭
6：40—8：00	预习几代2，微3	复习微2，大物作业	复习微2，微3	微2，努力钻研	复习、整理、做课件		大物自习
第一节	几代2 6C101	读《飘》、背单词	微3，一教101	微2	大物，三教2302		大物自习
第二节	微3一教101	微2西阶0	大物三教2302	微2，11:10吃饭	程设四教4203		大物自习，读《飘》
11：25—13：30	午饭13:10系馆王老师	打印课件，午休	回寝取东西，自习	11:30去6#312B找张导	午饭，自习微2，大物		午饭节俭，回寝社工
第三节	复习几代2，完成作业	体育，东操场	英语高级口语6B204	班会329、买练习册	自习		准备思源，英语presen

（续表）

第　周计划	周一	周二	周三	周四	周五	周六	周日
第四节	复习微3，完成作业	史纲 6A016	自习！自习！	微3习题集 4306	程设上机 东楼 9-224		思源笔试：15：30-17：30
第五节	微3习题	晚饭，复习微2作业	晚饭，自习	晚饭，自习大物	晚饭，自习大物	老师谈话	晚饭，自习
第六节	微3习题	小说三教 2301	清女 6A103	微2习题课 4305	自习大物	自习大物完成	自习 21：30 跳绳
20：00—22：30	系统复习大物书作业、习题	微2作业，洗澡	校会文化部例会	自习大物	自习到 21：30 回寝室	自习微2，英语	听 CNN 英语
22：30—23：00	听 CNN 英语	听 CNN 英语	听 CNN 英语	听 CNN 英语	听 CNN 英语	社工：文化部（信息简报，会议记录）自习	
23：00—1：00	读《飘》，背单词，社工	自习，追求高效	自习，坚决完成任务	自习，平心静气	自习，社工，睡觉	社工（女排 photos 今日 photos，女生节）	
1：00 以后	睡觉	睡觉	睡觉	睡觉	睡觉	准备思源，英语 presen	睡觉
计划完成情况	高效	加油！	高效、专注	微2大物完成	微2大物；全部社工	抓紧时间	收尾，规划学习
学习情况	认真对待大物	复习微2，大物	微2要钻研	加油！	静心，思考	完成任务	思源加油！
社会情况	思源做业，微3作业	美贺姐姐	例会，发春游稿	给素拓起好名	素拓宣传、校会、宣委	完成任务	我相信我是最棒的！
体育锻炼	不要求	认真上体育课	—	—	长绳跳好	—	跳好长绳
生活状态	昂扬，惜时	积极平和	积极，内敛	积极，平和	积极，平和	加油啊	A

178

（续表）

第　周计划	周一	周二	周三	周四	周五	周六	周日
修养品行	礼、德、才	外柔如水内刚似火	知我者，谓我心忧，	为青春喝彩！	多思、少言、必行	A	A
一天总结	come on, let's	try your best	不知我者，谓我何求	加油！	确定目标，矢志不渝！	我要对目标负责！	目标确定，踏实
	do our best	no matter what		校会工作			走好每一步！

（二）活动规则

（1）通过此表，认真研究清华学霸是如何通过科学规划时间走向成功的？

（2）通过研读此表，对你规划自己的每日时间安排有何启示？

【本环节设计目的】在引导学生理解了时间的宝贵和积极利用时间的价值后，为学生提供一个可供参考的样板，有助于帮助他们更加科学合理地绘制自己的时间规划表。同样，清华学霸马冬晗这个励志榜样也会对学生起到激励和引导作用。

七、小结

认识时光易逝的特性，感悟点滴时光的宝贵，通过时间四象限和马冬晗的每日时间规划表，可以很好地帮助学生树立珍惜时间、积极利用时间的意识。同时，励志榜样也会对学生起到积极的引导作用。

生涯人物

马冬晗，清华大学精仪系 81 班本科生，于 2011 年获得清华大学本科生特等奖学金。三年学分绩班级第一，连续两年素质测评第一。现任精仪系团委副书记，曾是精仪系学生会近些年来第一位女主席。获得多个奖学金和优秀个人，并历任精仪系乒乓球队、排球队、羽毛球队队长。有一个双胞胎妹妹马冬昕，和她一样也是保送进清华大学，她们高中都就读于大连育明高级中学，并在高中双双成为预备党员。马冬昕也是特别奖学金的获得者，同时还是海淀区的人大代表。

马冬昕　马冬晗

　　作为精仪系近些年来第一位女学生会主席，这让马冬晗承受了很多压力，也带给了她最难忘的回忆。喜爱打乒乓球的她发现精仪系有很多和她一样热爱这项运动的同学，但是大家并没有组成一个队伍。作为学生会主席，她招募人才并组建了精仪系乒乓球队，至今还在用心经营它。"体育可以锻炼身体，而且最重要的是，它的团队精神可以感染每一个人，学生会主席的责任就是凝聚力量。"马冬晗如是说。

　　学生会主席的工作，也带给了她更加深入的思考。在组织"一二·九"大合唱的时候，马冬晗和同学们都觉得已经排练得很好了，并且在场上发挥得也很好了，但是最后结果并不理想。比赛结束后，大家在合唱教练的指挥下一起在紫荆8号楼下合唱了系歌，很多人都哭了。这次经历给了马冬晗很大的感触，"刚上任时总希望做出些可以证明自己能力的事情，操之过急，其实是自己不够自信。我后来就改变了工作思路，我认为学生会最重要的不是拿奖，而是让同学们增强内聚力。"

　　马冬晗每年都担任班委的工作，但是心态却各不相同。大一做宣传委员，是当时唯一一份社工，就是希望在做班委过程中得到锻炼，因此那段时间做得很开心，也得到了锻炼，为后来去学生会任职打下了基础。大二当学习委员是希望整顿班上的学风，更是希望督促自己学习。大三做党支部组织委员是响应党支部的号召。而说到大四，马冬晗表示，处于"班级自治"的状态，保证大家都很高兴就好啦。

马冬晗还兼任一字班新生导引工作，和班主任一起和 10 个新生结成对子，平时除了交流学习经验，大家也一起搞活动、做体育运动。"我很喜欢和他们交流，我记得我来到大学，第一次见到辅导员就喜欢上了这种感觉。辅导员太可爱了，我希望研一的时候也当辅导员！"

马冬晗、马冬昕走进清华园，成为清华大学有史以来第一对保送进清华大学的孪生姐妹。据悉在清华大学刚评出的校园特等奖学金获得者中，马冬晗、马冬昕分别以综合评分第一名和第三名的成绩获得本年度清华特等奖学金（全校共有 5 人获此殊荣）。她们双双被保送"硕博连读"。

2012 年 10 月，一段《清华大学特别奖学金答辩——马冬晗》的视频在微博上走红。视频中进行特别奖学金答辩的精仪系马冬晗同学多门功课都超过了 95 分，被戏称为"清华学霸"，密密麻麻的学习时间安排表更是让网友感叹："比国家领导人还忙""深刻感觉自己连呼吸都在浪费时间"。

文体奖项：

2010 年 9 月，北京高校《国旗教育论坛》暨"国旗在我心中"演讲比赛一等奖；

2009 年 5 月，"传承清华精神，践行科学发展"清华大学 2008 级新生演讲比赛二等奖；

2011 年 5 月，清华大学 2011 年乒乓球单项赛女子单打并列第三名；

2010 年 12 月，精仪系"牛彼得杯"乒乓球联赛女子单打冠军；

2010 年 3 月，精仪系"牛彼得杯"羽毛球联赛团体冠军；

2010 年 12 月，清华大学第 54 届"马约翰杯"乒乓球团体赛甲组第七名；

2010 年 12 月，清华大学第 54 届"马约翰杯"羽毛球团体赛甲组并列第五名；

2009 年 4 月，清华大学第 53 届"马约翰杯"女子排球比赛甲组第七名；

2011 年 3 月，精仪系"牛彼得杯"春季师生运动会女子 800 米亚军；

2011 年 4 月，清华大学第 54 届"马约翰杯"田径运动会女子 4×400 米接力第四名；

2011 年 4 月，清华大学第 54 届"马约翰杯"田径运动会女子铁饼第七名。

科研工作：

2010 年 9 月，设计课题"多功能人性化脉搏监测系统"，获得"电路设计与实践"课程班第一名；

2011 年 7 月，设计课题"I-floor——基于可重构交互技术的微元地面"，获得"机械设计综合实践"课程班第二名；2011 年 9 月，在赴内蒙古一机的生产实习中，针对生产中遇到的实际问题，自主研究课题"保护型钢丝螺套的力学分析和改进设计"，给出了可行的操作与结构的改进方案。

党建活动：

大三学年担任党支部组织委员，承担了发展党员等工作，支部被评为"创先争优活动先进党支部"和"清华大学先进党支部"（全校只有七个本科生党支部获得这一殊荣）。积极参加理论学习，获精仪系"第六届党的理论知识竞赛"一等奖。

社会实践：

2009 年 7 月，担任精仪系"春蕾"实践海南支队队长，带领队员赴海南三亚海棠湾椰林小学进行了五天的支教，利用系友赞助的资金为当地女童带去了价值两千余元的书籍、器材，完成了英语、文学、艺术、科技等支教内容，还为当地女童建立了"春蕾"图书室；

2009 年 8 月，赴湖南湘西进行为期两周的支教活动，同时对当地的职业教育进行了详细的调研；

2010 年 2 月，在家乡范围内进行社会考察调研，完成《从身边人与事窥探我国医疗环境》调研报告；

2010 年 8 月，赴河北唐山进行为期十天的调研活动，小组完成《唐山的人文精神和城市建设》调研报告；

2010 年 8 月，赴青海进行为期两周的调研活动，小组完成《青海教育对减贫民生的影响》调研报告；

2011 年 8 月，赴香港进行为期十天的考察活动，对香港的政治、传媒、教育、公益等有了初步了解。

文学创作：

2009 年 9 月，写作诗歌《祖国啊，我亲爱的祖国》发表在清华新闻网上；

2009 年 9 月，参加国庆 60 周年群众游行，创作诗歌 7 篇，宣传稿 10 余篇；

2008 年 11 月，获精仪系庆祝改革开放三十周年主题征文活动二等奖。

综合奖项：

2009—2010 学年度，清华大学本科生优秀共产党员；

2009—2010 学年度，清华大学"一二·九"奖学金；

2008—2009 学年度，清华大学清华之友——苏州工业园区奖学金；

2010—2011 学年度，北京市三好学生；

2010—2011 学年度，北京市"先锋杯"优秀基层团干部；

2009—2010 学年度，清华大学优秀学生干部；

2009 年 10 月，国庆 60 周年群众游行 24 方阵优秀队员；

2008 年 9 月，清华大学 2008 级学生"军训先进个人"。

培养计划：

2009 年 4 月，入选清华大学"饮水思源，服务社会"优秀学生培养计划八期；

2010 年 6 月，入选清华大学思源骨干班四期；

2010 年 9 月，入选清华大学导师团计划三期。

相关报道：

（清华）2011 年清华大学特等奖学金答辩——马冬晗（姐姐）《2011 清华大学特等奖学金答辩视频集》。

（清华）2011 年清华大学特等奖学金答辩——马冬昕（妹妹）《2011 清华大学特等奖学金答辩视频集》。

（清华）人物清华第 15 期——清华双胞胎（清华电视台）。

（央视）《共同关注》2012 年 10 月 19 日（01）清华"学霸"强悍成绩震网友、（02）学习计划表——学霸是这样炼成的、（03）热心社会实践 学习好生活也充实、（04）孪生妹妹同样出色 同为"清华学霸"。

（人民网）2011 年中国大学生年度人物候选人马冬晗、马冬昕事迹，2011 年中国大学生年度人物提名。

◎本章小结

胸中没有大目标，一根稻草压断腰；胸中有了大目标，泰山压顶不弯腰。在生涯规划中，明确远大的生涯目标不仅可以给予我们直面困难和挑战的勇气，而且可以激发我们内在的潜力。计划，就是为了帮助我们更加科学有序地向着心中的梦想坚定前行。那么，如何运用关于计划制订及落实科学的生涯工具，是我们追求生涯成长和发展最重要的任务之一。由此，积极主动地学习和运用此类知识，必能推动我们更顺利地迈向自我的生涯目标。

在迈向自己生涯梦想的道路上，有梦想、有计划、珍惜时间的人会更有更大概率实现自我的生涯目标。退一步讲，即使可能因为其他原因最终不能实现，也一定可以获得一个充实、无悔的精彩人生。

苏 轼在《晁错论》中说：古之立大事者，不惟有超世之才，亦必有坚忍不拔之志。昔禹之治水，凿龙门，决大河而放之海。方其功之未成也，盖亦有溃冒冲突可畏之患；惟能前知其当然，事至不惧，而徐为之图，是以得至于成功。

从苏子的言论中，我们不难发现：古往今来，但凡想在自己一生中成就一番大事之人，不仅要有出类拔萃之才能，而且要有坚韧不拔之意志。就每个人的生涯发展而言，其实我们还需要通过学习和训练，提升自我的情绪管理能力。毕竟在生活中有不少人因为情绪管理不当而导致本来光明的未来，却因一时冲动而毁于一旦。英国诗人约翰·多恩的著名诗歌《没有人会是一座孤岛》，说明我们每个人都有爱与归属的需求。由此可知，没有良好的人际沟通能力，自我生涯发展必然受到一定负面的影响。更不用说，假如我们的一切生涯发展条件都已具备，但唯独缺少赏识我们的伯乐，恐怕也可能只能像李白那样慨叹"停杯投箸不能食，拔剑四顾心茫然"。

当我们的生涯意识已经觉醒，通过各种思考、测量和访谈已经清楚自己的兴趣、能力、价值观，借助各种工具看清了外在资源和社会发展趋势，做好了生涯抉择，并科学地制订了行动计划，真正的生涯行动之旅就已经开启。不过，再完美的生涯规划都可能在现实的生活中遭遇各种意想不到的意外，为了更好地将思考和认识与实践完美结合，我们还需要经得起生涯发展过程中挫折和挑战的考验，更好地处理好自我情绪和人际交往，假如真的遇到助力我们生涯发展的贵人，我们又该怎样珍惜和把握呢？

以上这些，将是我们本章着力探讨和研究的主要内容。

本章分三节课完成，具体如下：

（1）直面挫折；

（2）情绪管理；

（3）良好的人际沟通。

第六章 迈向成功

（3课时）

第一节　直面挫折

命名说明："直面"是本节课的核心词。每个人在向自己的生涯目标奋进时，都不可避免地会遇到挫折和挑战。那么，该如何直面挫折，并克服困难是超越自我、迈向生涯成功的必修课。挫折是指人们在从事有目的活动时由于受到阻碍和干扰，需要得不到满足时出现的一种消极的情绪反应。个体对挫折的看法有差异：积极的人，把挫折的经历当作是一次奋起的开始；消极的人，把挫折看作是失败的起点。学生群体中常见的挫折包括学习无效时的无力感、人际关系不和谐的困惑、学习竞争与评价的压力等。本活动通过设计游戏感受挫折，分析挫折中可能出现的不合理认识，让学生学会直面挫折，更好地成长。

活动目标：

（1）引导学生积极参与探讨和交流，并能坦诚分享在活动中的各种体会。

（2）了解挫折中常见的不合理认识，分析受挫时可能出现的不合理认识。

（3）有勇气地直面挫折，勇敢地承认错误，理性地接受挫折，获得心灵的成长。

活动地点：教室。

活动所需材料：A4纸（100张，每人2张）、水性笔1支/人。

课前分组：随机分组（8组为宜，5~6人/组）。

热身歌曲：《阳光总在风雨后》。

提升歌曲：《Childhood Memory》。

一、热身活动

导入语：玉经磨琢多成器，剑拔沉埋便倚天。追求生涯梦想的路上，遭遇挫折和挑战是再正常不过的事情了。因此，如何正确地面对挫折，并能从挫折中磨砺意志、汲取向上的动力是考验我们是否真正向自己生涯梦想迈进的试金石。然而，毕竟挫折是极易让人沮丧、失望，甚至绝望的一种经历，那么如何积极看待挫折，并从中汲取正向能量是本节课主要研究的内容。

下面，我们先做一个关于挫折的小游戏，初步感受挫折的特性。

【本环节设计目的】活跃氛围，放松身心，为接下来引导学生深入认识挫折奠定基础。

二、感受挫折——成长的阶梯

（一）鸡蛋变凤凰

游戏角色：鸡蛋（蹲着）、小鸡（弯着）、大鸡（站着）、凤凰（飞着，回到座位）。

（注意：在介绍游戏角色及规则时，助手要同时进场示范如何猜拳、如何进化和退化。）

（二）游戏规则

（1）用彩带将场地分成四个区域，一、二、三、四区域分别是鸡蛋、小鸡、大鸡、凤凰的活动区。

（2）全体成员的初始状态是鸡蛋，都蹲在鸡蛋活动区中。

（3）通过剪刀、石头、布来猜拳决定胜负，胜利者进化，进化的顺序依次是鸡蛋—小鸡—大鸡—凤凰；失败者退化，退化的顺序依次是"大鸡—小鸡—鸡蛋"。

（4）在猜拳时，必须大声读出口诀：鸡蛋——鸡蛋、鸡蛋快快醒，小鸡——小鸡、小鸡快长大，大鸡——大鸡、大鸡快快飞，飞回窝里变凤凰。

（5）同类角色才能猜拳，不同角色之间不能猜拳；最终场地中只剩3人，分别是鸡蛋、小鸡、大鸡。

（三）讨论分享

1. 采访游戏失败者

分别采访场内扮演鸡蛋、小鸡、大鸡的三个人。

① 鸡蛋：你现在的心情是怎样的？你有没有过最接近成功的时候？有了这么多次的失败，你有没有想过要放弃？

（注意：在采访最终扮演鸡蛋的同学时，要特别留意他对于目前状态的理解，及时敏锐地抓住其极可能产生的不合理认识，如"为什么受伤的总是我"——"过分概括化"等。）

② 小鸡：你在游戏中有过几次失败？虽然你有过几次失败，但在你看到还扮演鸡蛋的这位同学时，你是怎么看待他的处境的？你又是怎么看待自己目前的处境的？

（注意：在采访最终扮演小鸡的同学时，主要留意他对于处于鸡蛋状态的理解及对自己目前状态的理解，及时敏锐地抓住其可能产生"认为鸡蛋是没用的"的不合理认识——"绝对化要求"等。）

③ 大鸡：在你最接近成功的时候游戏却结束了，你是怎么看待这一点的？

（注意：在采访最终扮演大鸡的同学时，主要留意他对于自己目前状态的理解，及时敏锐地抓住其可能产生"自己的不成功都是由于游戏规则造成的，是自己无法克服的"的不合理认识——"过分概括化"等。）

教师小结：游戏就是生活的隐喻。在这样的游戏规则下，不管有多少人参加，最后都一定会有一个人不能进化成功，不能成为凤凰。在成长的道路上，遇到挫折和失败总是很容易让人沮丧的。不过，通过今天的游戏和平常的生活我们都深刻地体会到，这些都是难免的，所以我们要把掌声献给这三位在成长的道路上不断努力的同伴，为他们曾经的努力鼓掌。

2. 采访成功者

（1）提问：有谁从来没有经历过失败，一口气成为凤凰的？——随机采访这些成功者中的一个。

你现在的心情是怎样的？当你已经顺利飞回凤凰窝，看到别人还在小鸡区域时，你的心情是怎样的？

（注意：在采访一帆风顺成为凤凰的同学时，主要留意他对于处于其他区域同学处境的理解及对自己目前状态的理解，及时敏锐地抓住目前的胜利会不会强化他"只要自己足够努力，自己的未来就绝对是成功的"的不合理认识——"绝对化要求"等。）

教师小结：我们一共50个人，但是从来没有经历过失败，一帆风顺成为凤凰的只有3个人。可见，一帆风顺的人是极少数的，对吗？

（2）提问：虽然曾经有过失败，但是最终还是成功变为凤凰的同学，请举手？——随机采访这些成功者中的一个。

你是怎么看待在自己成功路上的那些失败的？在失败时，有想过放弃吗？

（注意：在采访虽然有过失败，但最终变为凤凰的同学时，主要留意他们是如何理解成功路上的那些挫折及自己目前的状态，及时敏锐地抓住他们对于如何重建"如何更好地直面挫折"的积极认识等。）

教师小结：我们的团队共有50人，减去没有进化成功的3人，以及一帆风顺的3人，可见，大多数同学都有过失败的经历，也有过受挫的体验，但是，在屡败屡战之后，我们当中的大多数人还是获得了成功。

【本环节设计目的】

（1）活跃氛围，放松身心。

（2）在总结游戏时，引入理性情绪疗法中提及的11种不合理信念，为接下来的环节做准备。

（3）通过这个游戏使参与的学生强化"在生活和工作中，一帆风顺只是极少数，而遭遇挫折却是人生的常态"和"无论在生活和工作中遇到多少挫折和失败，只要我们坚持努力，大多数人还是会取得最终的成功"这两个直面挫折的正确认识，为接下来的分享环节做铺垫。

附：理性情绪疗法中提及的11种不合理信念（三类：绝对化要求、过分概括化、糟糕透顶）。

（1）自己绝对要获得周围的人，尤其是周围重要人的喜爱和赞许。

（2）要求自己是全能的，只有在人生道路的每一个环节都有成就才能体现自己的人生价值。

（3）世界上有许多无用的、可惜的、邪恶的坏人，对他们应歧视和排斥，并给予他们严厉的谴责和惩罚。

（4）当生活中出现不如意的事情时，就有大难临头的感觉。

（5）人生道路充满艰难困苦，人的责任和压力太大太重，因此要设法逃避现实。

（6）人的不愉快均由外在环境因素造成，因此人是无法克服痛苦和困扰的。

（7）对危险和可怕的事情应高度警惕，时刻关注，它们随时可能发生。

（8）一个人以往的经历决定了他现在的行为，而且是永远无法改变的。

（9）人是需要依赖他人而生活的，因此总希望有一个强有力的人让自己依附。

（10）人应十分关心他人，为他人的问题而伤心难过，这样才能使自己的情感得到寄托。

（11）人生中的每一个问题，都要有一个精确的答案和完美的解决办法，一旦不能如此，就十分痛苦。

三、直面挫折——分享心情，共担风雨

引导语：从刚才的游戏中，我们可以领悟一些道理：

（1）在竞争当中，并不是所有的人都能取得最终的成功。

（2）只有极少数的人能够一帆风顺并获得成功。

（3）大多数人会在奋斗的道路上遭遇挫折或者失败，但是只要坚持努力，最终还是会取得成功。

遇到挫折，面临失败会让人觉得沮丧、郁闷、不开心，甚至会由此出现一些奇奇怪怪的想法。例如，有的人会因为别人偶尔的一次评价而觉得自己一无是处，有的人会因为一次失败而一蹶不振，还有的人会不断纠结于"为什么偏偏会是我"……

在接下来的活动中，让我们一起思考和分享在学习和生活中，你曾经和正在遭遇的那些挫折、失败、苦闷和不开心。同时，我也希望借着这个机会让大家集思广益，真诚地给处于困惑中的同学提供更好的解决方法和思路。

（播放背景音乐《Childhood Memory》，思考一分钟。）

（一）分享学习中、生活中的挫折经历或体会

（分享时，要注意控制分享的时间，提醒同学简要回答。）

例如：

（1）花了很多时间、精力去用心学习，但是没有效果，感到很无力。

（2）同学关系不和谐，本意是为他人好，但是得不到他人的理解。

（3）遇到学习发展瓶颈，有时很努力地去争取，但是结果很不如意。

（4）学习任务繁重，感到压力很大。

（注意：在分享时，要特别注意引导分享者谈谈在经历挫折时，自己曾出现过哪些不合理信念和非理性的、偏激的、钻牛角尖的、糟糕透顶的看法、评价和行为）

教师小结：非常感谢以上几个同学勇敢而真诚地向大家袒露了自己的心声，对于这几个同学的困惑，我想大家一起来想想办法，帮助这几个同学更好地解决和面对所遭遇的挫折，好吗？

现在，所有的同学共分成八个小组，每组谈论一个同学的问题。3分钟后，由小组派代表提出自己小组的解决方案。

分组方法：可采用三色纸，或相同数字为一组等方法。

（二）小结：学生群体常见的不合理信念

绝对化要求：

（1）自己绝对要获得周围人，尤其是同学的喜爱和老师的赞许。

（2）要求自己是全能的，只有在学习和兴趣爱好的每一个环节都有成就才能体现自己的人生价值。

（3）对危险和可怕的事情应高度警惕，时刻关注，它们随时可能发生。

（4）学习和人际交往中的每一个问题，都要有一个精确的答案和完美的解决办法，一旦不能如此，就十分痛苦。

过分概括化：

（1）很多人是无用的、可惜的、邪恶的坏人，应给予他们严厉的批评和惩罚。

（2）学习的道路上充满艰难困苦，压力太重，因此要设法逃避现实。

（3）不愉快均由外在学习环境造成，因此人是无法克服痛苦和困扰的。

（4）自己以前的经历决定了现在的行为，而且是永远无法改变的。

糟糕透顶：

（1）当学习或生活中出现不如意的事情时，就有大难临头的感觉。

（2）如果和自己班的同学都相处不好，那么在这个学校里，将不可能有立足之地。

（3）作为学生，连学习都做不好，是一件非常丢人的事情。

【本环节设置目的】

（1）让学生明白，经历挫折时，人们很可能会出现一系列不合理的认识。

（2）当不合理认识出现时，我们应尝试着与之辩论，使信念趋向合理、理性。

四、心灵的洗礼——巩固提升

引导语：刚才，三位同学分享了自己的挫折体验，非常感谢他们的勇敢和真诚，经过大家和他们共同的努力，我们也找到了许多应对这些挫折和困惑的解决办法。同时，我们也了解到了，当遇到挫折时，我们可能会出现一些不合理认识。那么，面对挫折，我们到底应该持什么样的态度呢？让我们通过"勇敢者的游戏"来领悟吧！

（一）活动名称

勇敢者的游戏

（二）游戏规则

（1）所有同学分成两队，各自站成一排，成员需按照指导者的口令做相应的动作。

（2）指导者喊一时，向左转；喊二时，向右转；喊三时，向后转；喊四时，向前跨一步；喊五时，不动。每队派出一个同学作为另一队的监督员，负责监督另一队的执行情况。

（3）当有人做错时，出错者要走出队列、站到大家面前先向队友鞠一躬，举起右手高声说："对不起，我错了！"其他成员说一句安慰他的话。

（4）游戏采取扣分原则，每错一人，扣10分，最终扣分少者胜出。

（三）讨论分享

（1）犯错者：请说说你现在的心情？你认为团队其他成员会怎么看待你？你希望团队成员怎么看待你呢？

（2）其他同学：请说说你们对犯错者的看法和鼓励？

教师小结：参与任何一项活动，我们都应集中注意力，努力完成任务，避免犯错；当我们犯错时，我们应主动承担，直面挫折，不逃避，争取他人的谅解；同时我们还应避免产生不合理的认识，因为他们只会打击我们以后做事的信心和勇气；只有直面挫折，善于获得、利用各种社会支持，我们才能更好地走出挫折。

【**本环节设置目的**】让团队成员明白，经历挫折时，直面挫折，善于获得、利用各种社会支持，我们才能更好地走出挫折。

五、升华

"阳光总在风雨后，请相信有彩虹！风风雨雨都接受，我一直会在你的左右。"一首《阳光总在风雨后》给了多少人直面挫折的勇气和鼓励。现在，请让我们一起合唱这首激人向上的歌曲吧！

（播放并共唱励志歌曲——《阳光总在风雨后》）

【**本环节设置目的**】通过游戏感受挫折，互相分享感受，学习提升，在音乐中升华主题。

六、总结

今天的两个游戏带给了我们欢笑，也引发了我们的深思，原来小小的游戏也能蕴含丰富的人生道理。还有三位同学分享了自己的挫折和困惑，大家齐心协力、真诚地为这三个同学出谋划策，帮助他们勇敢面对挫折，帮助他们解决困惑。

正如"鸡蛋变凤凰"这个游戏一样，遭遇挫折和失败原来是生活的常态。既然这样，我们就把它们当作成功路上一块块的"垫脚石"，理性地看待它们，勇敢地直面它们，沿着它们积极向前，努力追求并成就自己的人生梦想！

生涯人物

"感动中国2021"江梦南：寻梦的折翼天使

颁奖词：你觉得，你和我们一样，我们觉得，是的，但你又那么不同寻常。从无声里突围，你心中有嘹亮的号角。新时代里，你有更坚定的方向。先飞的鸟，一定想飞得更远。迟开的你，也鲜花般怒放。

在前26年的人生中，她处于一个模糊混沌的听觉世界里，优美的音乐、婉转的鸟叫……对于她来说都是极其陌生的，但这位"听力过人"的女孩，借助她对声音震动的灵敏感觉以及读他人唇语的能力，不仅在念书时因成绩优异跳了一级，还考上了重点大学。

2018年，她考入清华大学成为生物信息学博士，同年，她植入了人工耳蜗，听到了以往从未听过的声音。

天使折翅——右耳失聪，左耳损失105分贝

郴州市宜章县莽山瑶族乡，因"林海莽莽，有蟒蛇出没"而得名。

1992年，江梦南出生在莽山一个叫永安的小山村，父亲赵长军、母亲江文革都是乡中学的教师。

按当地民族习俗，江梦南随母姓，名字是"岁月静好，梦里江南"的意思。

江梦南在"岁月静好"中一天天成长，不吵不闹，安静得像天使。"孩子这么不闹人，一定是块读书的料。"赵长军夫妇心里乐滋滋的。

6个月后，和江梦南一样大的孩子张嘴"啊啊"发声了，她也跟着张嘴、做手势，但没有声音。

这时赵长军夫妇急了，带着江梦南四处求医问药，吃中药"偏方"，扎针灸，但无济于事。

江梦南9个月大时，赵长军夫妇带着她到湘雅医院检查，被诊断为"极重度神经性耳聋"——因肺炎用药不当，导致右耳失聪，左耳损失105分贝，几乎相当于直升机起飞声响的听力。

赵长军夫妇无法接受这个事实，带着女儿到另一家大型医院做了同一套检查，结论还是一样。"世界医学还无法治愈，言语康复的可能性极小。"医生建议他们尽早教孩子学习手语。

赵长军夫妇不死心，每逢周末、假期，就带着江梦南去长沙、北京等地看病，一次次满怀希望而去，却总是失望而归。

赵长军夫妇抱头痛哭："我们是乡里有文化的人，给学生上课时喜欢说'知识改变命运'，面对失聪的女儿却不知如何用知识去改变她的命运。"

向阳而生——苦学唇语，把命运握在手里

江梦南从未松过手。

因为听不见，有时睡前她需要在手机上调好闹钟，设置成震动，把手机一直握在手里，第二天早晨依靠震动叫醒自己。

王艳伟是江梦南在吉林大学读硕士研究生时的室友，她回忆几乎没有见过江梦南迟到。江梦南还是宿舍里第一个起床的，平常早晨 6 点多起床。

她在江梦南身上总感到一股韧劲。这股劲是英语六级放弃听力仍考到 500 多分，是不管刮风下雨坚持健身两年，是坚持复读一年后考上吉林大学，后来考上清华大学的博士研究生。

为了让自己独立，江梦南 12 岁时就要求离开家独自去读寄宿初中。上大学也是一个人坐了 32 个小时火车去的，那是她的偶像张海迪的母校。

"我不会松手，如果这件事情非常重要，我一定要做到。"江梦南说。

接受女儿听不到的事实，是个漫长又痛苦的过程。扎针、戴助听器、跑各地的医院，夫妻俩尝试了很多办法。

那个时候，"十聋九哑"还是民间流行的说法。"孩子耳朵已失聪，再也不能让她失去说的权利。"赵长军夫妇决定教会女儿唇语。

后来，母亲江文革抱着她，前面放一块镜子，在后面对她说话。江梦南可以看到母亲的口型，也可以看到自己的口型。

江梦南说："父母亲学习、模仿、改进莎莉文培养海伦·凯勒的那一套方法，让我手摸着他们的喉咙感受声带的振动，眼睛看着他们的口型学习发声。一个音节一个音节地教，一个字一个字地学。"

每一个音节背后都是成千上万次的重复,"如果有一个音重复一千次学会了,那就是非常快了。"父母教她说得更清晰,能分辨出"花"和"哈"。江梦南甚至学会了方言宜章话,也学会了分辨声调。

很多方法都是自创的,夫妇俩不知道这种"蠢"功夫有没有用。

江梦南不是靠听觉记忆对比、纠正自己的发声,而是需要记住每个音节、每个字的口型,以及舌头的开关和摆放位置。经两年艰苦练习,江梦南终于喊出了"爸——爸,妈——妈——",赵长军夫妇喜极而泣。在母亲听起来那是世界上最好听的声音了。

江梦南后来学会了读唇语,她说这是"父母给的一个特别特别大的礼物"。

"因为我失聪,父母放弃了为我再生一个弟弟或妹妹的想法,家人对我高看一等、厚爱一层。"多年后,江梦南动情地说:"为了我长大后能跟正常孩子一样读书学习,父母教我自学、思考。"

转眼间江梦南就上小学了,她坐在教室前排中间位置。她需要看老师口型"听课",有时老师讲到慷慨激昂的地方,语速一快她就懵了。

第一个学期下来,江梦南的成绩不是很理想。父母有点着急,她安慰道:"难道你们忘了给我讲过的丑小鸭的故事了吗?虽然我现在还是一只丑小鸭,但总有一天我要变成白天鹅。"

江梦南说到做到,她向班里的第一、二名学习,字写得越来越好。读三年级时,她的写作天赋也显现出来了,有一天,终于得到了老师的表扬。

江梦南兴高采烈地回到家,对母亲说:"您看我现在虽然还不是白天鹅,但已经不是丑小鸭了。"

此后,江梦南更加发奋努力,提前预习功课,课堂上没听明白的,课后拉着老师再讲一遍,成绩一步步提高。

2011年,江梦南从郴州市明星学校考入吉林大学药学系,并在该校读完了计算机辅助药物设计硕士研究生。2018年5月,她又以优异成绩考上清华大学生命科学学院博士研究生,当年的丑小鸭终于变成了白天鹅。

创造奇迹——不放大成就，不放低要求

长大后的江梦南，成了"一个奇迹"。

半岁失聪、开口说话、会读唇语，上学后成绩优秀，考入重点大学并成为清华大学博士生，这登上了很多媒体的头条。

很多人知道了江梦南。学校里的快递员和食堂的阿姨也认识了这个"上电视的小姑娘"，也有很多学弟学妹来加江梦南的微信，希望和她交流。

很多问题都是重复的，"可能在大家看来，听不见的话，一定要比别人付出更多的努力，可是我并没有这样的感觉。大家都说我是学霸，可是我并不是。"江梦南笑着说。

即使是身边的朋友，也是随着媒体的报道逐渐了解到江梦南的一些过去。有一次，江梦南罕见地和室友说起是用什么药导致的耳聋、之前是怎样上的学。她有次考试成绩很好，和小朋友一起高兴地去领奖状。但因为是旁读生，不被列为老师的考核标准范围内，所以她没能拿到奖状。

她也曾发现自己和别的小朋友不一样，别人在后面叫她她不知道，这让她难过。

说着江梦南哭了，室友们也哭成一团。江梦南反过来安慰她们："别哭了，都过去了，现在不挺好的吗。"

朋友们都知道江梦南爱美，早晨五分钟就能搞定一个妆。她还是宿舍的"美丽顾问"，"她穿衣打扮的品位在寝室是最高的"，王艳伟每买一件衣服都会问她好不好看。她也喜爱健身，在健身房经常练举铁，朋友们开玩笑叫她"猛男"。

有时候王艳伟她们和她倾诉生活中不顺的事。她会搬个凳子坐在室友面前，戴上近视眼镜，什么也不干，专心看室友吐槽，然后开玩笑逗她们开心。

王艳伟说江梦南心细，更多地关注别人。有一次有个学弟不擅长一个实验，江梦南自己的实验也很忙，但那段时间还是抽出空帮忙整理文献到夜深。

"我从来不承认也不把自己看成弱势群体。"江梦南并不希望别人因为耳聋而放大她取得的成就，放低对她的要求。

"大家都把她看成一个普通人，她最不希望别人以同情的目光来看她。"

王艳伟说。

2018 年，在清华大学博士研究生入学前，右耳成功植入人工耳蜗后，江梦南重获了失去 26 年的听力。

江梦南第一次听到了布谷鸟的叫声。那是在清华大学校园里，她晨跑时路过树林，一种陌生的声音传入耳朵。她停下来，以便听得更清晰些——重获听力后，分辨脑袋里的声音到底来自虚幻，还是现实，是她必须解决的一个难题。

一开始，在寂静里待得太久，她很不习惯这个有声的世界。即使把耳蜗灵敏度调到很低的水平，她也无法承受外界的"吵闹"。普通的环境音，都会让她感到"视线都在震颤"。有时一个塑料瓶轻轻倒地，她都会被吓一大跳。逐渐适应后，她开始重新打量自己所处的世界，"它原本就很吵，这就是它一直的样子"。

每一种声音都是新鲜的，汽车鸣笛声、下课的铃声、雷雨声……还有她一直想感受的歌声。这些曾经只存在于文字和想象中的声音，和整个世界一起，逐渐变得清晰起来。现在，她喜欢听舒缓的钢琴曲，甚至听了流行歌曲，即使她还是很难听懂。

在清华校园里，她骑着自行车，把手机直接连接上耳蜗，不需要通过振动，电信号直达大脑。那是独属于她一个人的时刻，"普通人很难感受到这种奇妙的体验"。

第一声布谷鸟叫将她从原本模糊混沌的听觉中脱离出来，在耳朵涌入的各式各样声音中拥抱这个"吵闹"却美丽的世界。

——选自《时代报告》，有删改

第二节 积极管理情绪

命名说明："积极管理"是本节课的核心词。在每个人的生涯行动中，由于目标与现实的一些落差，难免会引发我们的情绪变化，特别是产生消极情绪，如果得不到有效的管理，极有可能会因此对于自我的生涯发展造成难以预计的巨大影响。问题带来情绪，但情绪解决不了问题。所以学习和掌握有效管理自我情绪的方法，就显得极为重要了。

"钟鼓之声，怒而击之则武，忧而击之则悲，喜而击之则乐，其意变，其声亦变。意诚感之，达于金石，而况于人乎？"非常精辟地阐述了不同情绪对于人们行为的影响。要积极管理情绪，首先应该正确地认识情绪，其次应学习和掌握管理情绪的具体技术和方法。本活动引导学生认识情绪、学习和掌握管理情绪的技术和方法，以期学生能从中感受到情绪的重要价值和意义，同时学会积极地管理情绪，助力自我生涯的成长。

活动目标：

（1）引导学生积极参与探讨和交流，并能坦诚分享在活动中的各种体会。

（2）引导学生正确认识情绪，并了解情绪的积极和消极作用。

（3）学习和掌握情绪管理的方法和策略，进而提升自我的情绪管理能力。

活动地点：教室。

活动所需材料：A4纸（100张，每人2张）、水性笔1支/人。

课前分组：随机分组（8组为宜，5~6人/组）。

热身歌曲：《情绪》。

提升歌曲：《乐观心态（DJ）》。

一、热身活动

（播放《乐观心态（DJ）》）

导入语：拿破仑说："能控制好自己情绪的人，比能拿下一座城池的将军更伟大。"荀子曰："怒不过夺，喜不过予。"在我们追求梦想的过程中，常常可能会因为自己奋斗的顺利与否而产生不同的情绪，正所谓期望越高，失望可能会越大。当然，如果我们能够察觉自己的情绪，并对它积极进行管理，相信我们不但可以从每种情绪中汲取正向的力量，而且还有助于我们更顺利地朝着自己的生涯目标奋进。

不过，对于我们一般人来说，由于缺乏情绪管理的意识和方法，而造成了学习、工作和生活中一个个因小失大的悲剧。如何有意识地察觉自己的各种情绪，并积极地用科学的方法对它们进行管理和疏导是本节课的主要研究内容。

下面，我们先做一个关于情绪的小游戏，初步感受情绪的特性。

（一）活动名称：黑板上的小白点

上课后，教师一声不吭，走到黑板前，用粉笔在黑板上点一个点。然后问："同学们，请问你们看到了什么？"

（二）活动规则

（1）统计说看到"白点"同学的人数。

（2）统计说看到黑板的同学人数。

引导语：各位同学，在刚才大家的回答中，基本都说"看到了白点"。那么，请问大家：在整个黑板上，究竟是白点大，还是黑的部分大？

然后，再次问同学：请问你们看到了什么？

（3）统计说看到"白点"同学的人数。

（4）统计说看到黑板的同学人数。

引导语：同样的一幅画面，为什么大家前后两次关注到的内容会不同？为什么会出现这样的现象？

【本环节设计目的】轻松导入，活跃气氛，为接下来引导学生深入认识情绪奠定基础。

二、察觉情绪——成功的基础

（一）活动名称：爱地巴跑圈的秘密

背景：在古老的西藏，有一个叫爱地巴的人，每次生气和人起争执的时候，就以很快的速度跑回家去，绕着自己的房子和土地跑3圈，然后坐在田地边喘气。爱地巴工作非常努力，他的房子越来越大，土地也越来越广。不过，不管房地有多大，只要与人争论生气，他还是会绕着房子和土地绕3圈。

爱地巴为何每次生气都绕着房子和土地绕3圈？所有认识他的人，心里都有疑惑，但是不管怎么问他，爱地巴都不肯说明。

直到有一天，爱地巴已经很老，他的房地已经很大了。他又遇到让他生气的事情，于是他拄着拐杖艰难地绕着土地和房子跑圈。等他好不容易跑完3圈，太阳都下山了。爱地巴独自坐在田边喘气，他的孙子在身边恳求他："阿公，你已经年纪大了，这附近都没有人的土地比你的更大，您没有必要再像从前那样，一生气就绕着土地跑啊！另外，您可不可以告诉我：为什么您一生气，就要绕着土地跑3圈呢？"

……

（二）游戏规则

（1）小组探讨：假设你们就是爱地巴的孙子，你认为爷爷为什么要跑圈？

（2）小组探讨：爷爷的土地和房子为什么会越来越大，这和爷爷跑圈有关系吗？

（3）全班分享。

教师小结：通过小组探讨，我们首先发现了爱地巴爷爷跑圈的原因是——生气，这其实是爱地巴爷爷及时地察觉了自己的"愤怒"情绪。身处"愤怒"中的他没有直接和对方对抗，而是选择了通过围着房子和土地跑3圈来转移自己的注意力，同时通过运动来缓解情绪。下面，就让我们看看爱地巴爷爷自己是怎么说的吧。

爱地巴爷爷的自述：

爱地巴禁不起孙子的恳求，终于说出隐藏在心中多年的秘密。他说："年轻时，我若想和人打骂、争论、生气时，就绕着房地跑 3 圈。我边跑自己就边想：我的房子这么小，土地这么小，我哪有时间，哪有资格去跟人家生气？一想到这里，气就消了。于是，我就把所有的时间和精力都用来努力工作了。"

孙子又问："阿公，你年纪大了，已经成为咱们这里最富有的人了，为什么还要绕着房子和土地跑呢？"爱地巴笑着说："因为我现在还是会生气啊！不过，我现在生气会边跑边想：我的房子这么大，土地这么多，我又何必跟人计较呢？一想到这，我的气也就消了。"

【本环节设计目的】通过爱地巴爷爷跑圈的故事，引导学生初步认识察觉自己情绪对于自己生涯发展的重要意义和价值。借用故事中"跑圈"的这种管理情绪的方式，为接下来引导学生深入认识情绪和管理情绪做铺垫。

三、管理情绪——方法的价值

（一）活动名称：曾国藩和小偷

背景：小时候的曾国藩记忆力不好。一天晚上，曾国藩在书房中背诵范仲淹的《岳阳楼记》。他读啊读啊，读了一遍又一遍，却怎么也背不下来。

不过，曾国藩也有过人之处。他不急不躁，继续读、继续背，从傍晚一直到深夜，一直没有放弃。

曾国藩锲而不舍，有个人却急坏了！因为这天晚上，曾家进了小偷。他躲藏在书房外面，想等曾国藩睡觉后再进屋盗窃。没想到的是，曾国藩一晚上都没有把《岳阳楼记》背下来，小偷强忍着睡意，听着曾国藩一遍又一遍地背。

突然，街道上传来了守夜人的打更声，马上就要五更了！小偷直接绝望了！怒火在胸中熊熊燃烧：从来没有见过这么笨的人！

被怒火烧晕了头的小偷，猛地站起来，推开窗子跳进了屋里。曾国藩吓了一大跳，朝书桌后面一闪："你……你要干什么！"

小偷冲到书桌前，怒气冲冲地说："庆历四年春，滕子京谪守巴陵郡。越明年，政通人和，百废俱兴。乃重修岳阳楼，增其旧制，刻唐贤今人诗赋于其上……"

在曾国藩呆滞的目光中，小偷流利地背完了《岳阳楼记》，"你这么笨，读什么书啊？我听都听会了！"然后逾墙而去，留下了目瞪口呆的曾国藩！

呆了半晌，曾国藩定了定神，又拿起了书："庆历四年春……"

远处传来了公鸡的打鸣声……

（二）游戏规则

1. 小组探讨

请分别概括曾国藩和小偷的情绪表现。

请对比曾国藩和小偷两人情绪管理的不同，并将探讨内容填入以下表格。

2. 全班分享

人物	情绪表现	情绪管理	生涯成就
曾国藩			
小偷			

教师小结：通过小组探讨，我们很明显可以发现小偷和曾国藩情绪管理的差异之处。首先，我们先不谈偷东西这件事的对错，仅就作为一名小偷，直接跳进主人面前这件事就可见其情绪管理之差，就更不谈因为自己这一跳，使自己暴露无遗了。反之，我们看看曾国藩，在他背诵《岳阳楼记》的过程中，真可谓屡受挫折，但是他依然很好地管理者自己的情绪，丝毫不受小偷跳进屋内指责他又离开的影响。仅此一项，二者的成败就已经明了。

【**本环节设计目的**】通过曾国藩和小偷情绪管理的对比，引导学生深入认识觉察自己情绪和积极管理情绪对于自己生涯发展的意义和价值。另外，故事中曾国藩管理情绪的行为，也会为学生提升自我的情绪觉察意识和管理情绪能力带来一些启示。

四、管理情绪——失控的危害

（一）活动名称：为自己的情绪钉钉子

背景：有一个脾气很坏的男孩，他父亲给了他一袋钉子，而且告诉他，每当他发脾气的时候就钉一个钉子在后院的围栏上。

第一天，这个男孩钉下了 37 颗钉子。慢慢地，每天钉子的数量在减少，男孩发现控制自己的脾气要比钉下那些钉子更容易。于是，终于有一天，这个男孩再也不会失去耐性，乱发脾气。他高兴地把这件事情告诉了父亲。没想到，父亲又告诉他，从现在开始，每当他能控制自己脾气的时候，就从木板上拔除一颗钉子。一天天过去了，最后男孩告诉他的父亲，他终于把所有钉子都给拔出来了。

这时，父亲拉着他的手，来到后院说："你做得很好了，我的好孩子。但是……"

（二）游戏规则

1. 小组探讨

小男孩是用什么方法来管理自己情绪的？

这种管理自己情绪的方法有效果了吗？

父亲在肯定了孩子之后，所提出的"但是"后面可能会说什么？

2. 全班分享

教师引导：男孩通过在围栏上钉钉子这种转移注意力的方法，解决了自己情绪失控的问题，这的确是值得肯定的，因为能通过积极使用方法管理好自己的情绪是一件不容易的事。不过，在父亲肯定了男孩的努力后，"但是"父亲会说什么呢？

让我们看看父亲的表达是否和大家分析和猜想的一致？

父亲的忠告：

我的孩子，你看看那些围栏上钉过钉子的洞，这些围栏永远不能恢复到从前的样子了，你生气时说的话就像这些钉子一样会给别人留下疤痕。如果你拿刀子伤害了他人，不管你说了多少次对不起，那个伤口也就将永远存在。

我的孩子，你话语给别人的伤痛就像刀子给别人的伤痛一样，令人无法承受。如果你能管理好自己的情绪，那既保护了自己，也保护了他人啊！

教师小结：通过小组探讨，我们明白了情绪管理的确可以借助合理的方法。但是"父亲的忠告"又让我们更深刻地认识到，我们不只需要察觉自己的情绪、管理好自己的情绪，还要在管理自己情绪的同时注意自己的情绪失控可能会给他人带来伤害。

【本环节设计目的】借助钉钉子管理自己暴躁情绪的男孩，引导学生认识只要我们积极管理情绪，就可以有所改变。而借助"父亲的忠告"，引导学生在管理自己情绪的同时，也要关照他人的情绪。

五、管理情绪——艾利斯情绪管理ABC

（一）活动名称：不简单的ABC

理性情绪疗法（Rational-Emotive Therapy，RET），又称合理情绪疗法，是20世纪50年代由艾利斯在美国创立。它是认知疗法的一种，因其采用了行为治疗的一些方法，故又被称为认知行为疗法。

RET理论认为，人们的情绪是由人的思维、人的信念所引起的，而不合理的信念往往使人们陷入情绪障碍之中。不合理信念的特征是：绝对化的要求、过分概括化、糟糕至极。

理性情绪疗法是建立在人性复杂和可变假设的基础上，其基本理论主要是ABC理论。

艾利斯认为，人的情绪和行为障碍不是由于某一激发事件（Activating Event）直接所引起，而是由于经受这一事件的个体对它不正确的认知和评价所引起的信念（Belief），最后导致在特定情景下的情绪和行为后果（Consequence），这就是ABC理论。

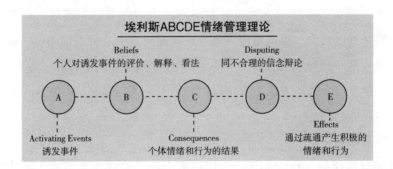

该疗法认为，情绪和行为后果的反应直接由激发事件所引起，即A引起C。而ABC理论指出，诱发性事件A只是引起情绪及行为反应的间接原因，而人们对诱发性事件所持的信念、看法、解释B才是引起人的情绪及行为反应C的更直接原因。

按照理性情绪疗法的观点，人们有无以计数的信念，它包括认知、想法和主意等。这些信念（Beliefs）是影响认知、情绪和行为结果的直接和主要因素。尽管看起来好像是诱发性事件引起结果，但B处于A与C之间，是引发A的更直接原因。人们总是按自己的信念认识A，并按照带有偏见的信念和一定情绪结果去认识和体验A。因此，人们实际上从来不会体验到没有信念（B）和结果（C）的诱发性事件（A），而没有诱发性事件（A）也体验不到信念（B）和结果（C）。信念可以有不同的形式，因为人们有各种各样的认知形式。在理性情绪疗法中，主要关注的是合理的信念和不合理的信念，前者导致自助性的积极行为，而后者则会引起自我挫折和反社会的行为。

不合理信念的特征如下。

1. 绝对化的要求

绝对化要求是指人们以自己的意愿为出发点，对某一事物怀有认为其必定会发生或不会发生的信念，它通常与"必须""应该"这类字眼连在一起，如"我必须获得成功""别人必须很好地对待我""生活应该是很容易的"等。

怀有这样信念的人极易陷入情绪困扰中，因为客观事物的发生、发展都有其规律，是不以人的意志为转移的。就某个具体的人来说，他不可能在每一件事情上都获得成功；而对于某个个体来说，他周围的人和事物的表现和发展也不可能以他的意志为转移。

因此，当某些事物的发生与其对事物的绝对化要求相悖时，他们就会受不了，感到难以接受、难以适应并陷入情绪困扰之中。合理情绪疗法就是要帮助他们改变这种极端的思维方式，认识其绝对化要求的不合理、不现实之处，帮助他们学会以合理的方法去看待自己和周围的人与事物，以减少他们陷入情绪障碍的可能性。

2. 过分概括化

过分概括化是一种以偏概全、以一概十的不合理思维方式。一方面，表现为对自身的不合理评价。自己做错了一件事就认为自己一无是处，以某一件或几件事来评价自己的整体价值，其结果往往是导致自责自罪、自卑自弃，从而产生焦虑和抑郁等情绪。

另一方面，表现为对他人的不合理评价。别人稍有一点对不住自己就认为他坏透了，完全否定他人，一味责备他人，从而产生敌意和愤怒等情绪。按照艾利斯的观点，以一件事的成败来评价整个人的价值，是一种理智上的法西斯主义，他强调"评价一个人的行为，而不是去评价一个人。"在这个世界上，没有一个人可以达到完美无缺的境地，所以艾利斯指出，每一个人都应该接受自己和他人是有可能犯错误的人类的一员。

3. 糟糕至极

糟糕至极是一种认为如果一件不好的事发生了，将是非常可怕、非常糟糕，甚至是一场灾难的想法。这将导致个体陷入极端不良的情绪体验中，而难以自拔，如耻辱、自责、自罪、焦虑、悲观、抑郁的恶性循环。

糟糕就是不好、坏事了的意思。一个人讲什么事情都糟透了、糟极了的时候，对他来说往往意味着碰到的是最最坏的事情，是一种灭顶之灾。艾利斯指出这是一种不合理的认识，因为对任何一件事情来说，都有可能发生比之更好的情形，没有任何一件事情可以定义为是百分之百糟透了的。一个人沿着这条思路想下去，认为遇到了百分之百的糟糕的事或比百分之百还糟的事情时，他就把自己引向了极端的、负的不良情绪状态之中。

糟糕至极常常是与人们对自己、对他人及对周围环境的绝对化要求相联系而出现的，即在人们的绝对化要求中认为的"必须"和"应该"的事情并非像他们所想的那样发生时，他们就会感到无法接受这种现实，因而就会走向极端，认为事情已经糟到了极点。RET 理论认为非常好的事情确实有可能发生，尽管有很多原因使我们可以发生这种事情，但没有任何理由说这些事情绝对不该发生。我们必须努力去接受现实，尽可能地改变这种状况；在不可能时，则要学会乐观接受。

（二）活动规则

我们可以通过运用这个方法来练习如何管理自己的情绪。当你产生消极情绪时，使用下面这些问题试着反驳自己，并将其记录在表格中。

	反驳内容
不好的事情	
当时的想法	
想法产生的后果	
反驳的理由	
启发	

教师小结：通过对理性情绪疗法原理和知识的了解，相信大家都更深刻地理解了自己情绪产生的根本原因。当我们明白了自己情绪产生的原因后，如何解决问题、提升情绪管理也就随即有了方法。只要大家在生活和学习中积极主动地使用上面的表格来梳理自己的情绪，相信我们必定可以更好地管理好自己的情绪，为自己的生涯发展铺平道路。

【本环节设计目的】通过对理性情绪疗法的讲解，引导学生了解和掌握理性情绪疗法的基本原理和具体方法。有了对情绪的深入分析和理解，又有了科学有效的解决方法加持，帮助学生提升情绪管理能力也就变得更容易了。

生涯知识

情绪管理的意义及方法

情绪管理是指通过研究个体和群体对自身情绪和他人情绪的认识、协调、引导、互动和控制，充分挖掘和培植个体和群体的情绪智商、培养驾驭情绪的能力，从而确保个体和群体保持良好的情绪状态，并由此产生良好的管理效果。

情绪是个体对外界刺激的主观的、有意识的体验和感受，具有心理和生理反应特征。我们无法直接观测内在感受，但是我们能够通过其外显的行为或生理变化来进行推断。意识状态是情绪体验的必要条件。

情绪是身体对行为成功的可能性乃至必然性，在生理反应上的评价和体验，包括喜、怒、忧、思、悲、恐、惊七种。行为在身体动作上表现得越强就说明其情绪越强，如喜是手舞足蹈、怒是咬牙切齿、忧是茶饭不思、悲是痛心疾首等，这些就是情绪在身体动作上的反应。情绪是信心这一整体中的一部分，它与信心中的外向认知、外在意识具有协调一致性，是信心在生理上一种暂时的、较剧烈的生理评价和体验。美国哈佛大学心理学教授丹尼尔·戈尔曼认为："情绪意指情感及其独特的思想、心理和生理状态，以及一系列行动的倾向。"

情绪不可能被完全消灭，但可以进行有效疏导、有效管理、适度控制。

情绪无好坏之分，一般只分为积极情绪、消极情绪。由情绪引发的行为则有好坏之分，行为的后果也有好坏之分，所以，情绪管理并非是消灭情绪，也没有必要消灭，而是疏导情绪，并合理化之后的信念与行为。这就是情绪管理的基本范畴。

情绪管理的基本定义，就是用对的方法，用正确的方式，探索自己的情绪，然后调整自己的情绪，理解自己的情绪，放松自己的情绪。

简单地说，情绪管理是对个体和群体的情绪感知、控制、调节的过程，其核心必须将人本原理作为最重要的管理原理，使人性、人的情绪得到充分发展，人的价值得到充分体现；是从尊重人、依靠人、发展人、完善人出发，提高对情绪的自觉意识，控制情绪低潮，保持乐观心态，不断进行自我激励、自我完善。

情绪的管理不是要去除或压制情绪，而是在觉察情绪后，调整情绪的表达方式。有心理学家认为情绪调节是个体管理和改变自己或他人情绪的过程。在这个过程中，通过一定的策略和机制，使情绪在生理活动、主观体验、表情行为等方面发生一定的变化。情绪有正面有负面，但真正的关键不是情绪本身，而是情绪的表达方式。以适当的方式在适当的情境表达适当的情绪，就是健康的情绪管理之道。

情绪管理就是善于掌握自我，善于调节情绪，对生活中矛盾和事件引起的反应能适可而止的排解，能以乐观的态度、幽默的情趣及时地缓解紧张的心理状态。

情绪就是人对事物的态度的体验。

人们形成的否定情绪和情感往往只是短暂的，痛苦一阵以后，强烈的体验会随着刺激的消失而消失。

情绪的长期压抑对个人的健康有很大的影响，影响的程度因人而异。

情绪最基本的四种表现：快乐、愤怒、恐惧、悲哀。

"痛苦"是最普遍的消极情绪。

"心境"是微弱、持久，具有沉浸性的情绪状态。

"激情"是猛烈爆发而短暂的情绪状态。

"应激"是在出乎意料的紧急情况下所产生的情绪状态。

解决问题的能力：能够不断学习解决生活、工作和人际活动能力的人，他们的压力少，情绪也比较稳定、成熟。健康方面——愿意运动，注意饮食和生活。人际方面——能包容、互相支持和关爱。工作方面——不断求知和学习，不浪费时间，做有效管理时间。生活的情趣——情趣和乐观。

第一，体察自己的情绪。也就是，时时提醒自己注意："我的情绪是什么？"例如，当你因为朋友约会迟到而对他冷言冷语时，问问自己："我为什么这么做？有什么感觉？"如果你察觉你已对朋友三番两次的迟到感到生气，你就可以对自己的生气做更好的处理。有许多人认为："人不应该有情绪。"所以他们不肯承认自己有负面情绪，要知道，人一定会有情绪，压抑情绪反而会带来更不好的结果，学着体察自己的情绪，是情绪管理的第一步。

第二，适当表达自己的情绪。再以朋友约会迟到的例子来看，你之所以生气可能是因为他让你担心，在这种情况下，你可以婉转地告诉他："你过了约定的时间还没到，我好担心你在路上发生意外。"试着把"我好担心"的感觉传达给他，让他了解他的迟到会带给你什么感受。什么是不适当的表达呢？例如，你指责他："每次约会都迟到，你为什么都不考虑我的感觉？"当你指责对方时，也会引起他的负面情绪，他会变成一只刺猬，忙着防御外来的攻击，没有办法站在你的立场为你着想，他的反应可能是："路上塞车嘛！有什么办法，你以为我不想准时吗？"如此一来，两人开始吵架，别提什么愉快的约会了。如何"适当表达"情绪，是一门艺术，需要用心体会、揣摩，更重要的是，要确实用在生活中。

第三，以适宜的方式疏解情绪。疏解情绪的方法很多，有些人会痛哭一场，有些人找三五好友诉苦一番，有些人会逛街、听音乐、散步或逼自己做别的事情以免老想起不愉快的事，比较糟糕的方式是喝酒、飙车等。疏解情绪的目的在于给自己一个理清想法的机会，让自己好过一点，也让自己更有能量去面对未来。如果疏解情绪的方式只是暂时逃避痛苦，而后需要承受更多的痛苦，那这便不是一个适宜的方式。有了不舒服的感觉，要勇敢地面对，仔细想想，为什么这么难过、生气？我可以怎么做，将来才不会再重蹈覆辙？怎么做可以降低我的不愉快？这么做会不会带来更大的伤害？根据这几个角度去选择适合自己且能有效疏解情绪的方式，你就能够控制情绪，而不是让情绪来控制你！

情绪管理最基本的形态：拒绝、压抑、替代和升华。

拒绝，拒绝接受某些事实。拒绝不是说不记得了，而是坚持某些事不是真实的，尽管所有证据表明是真实的。例如，一名深爱丈夫的寡妇在丈夫死去后很久，仍然表现得好像他还活着，吃饭的时候仍然还留着位置，给他盛饭。拒绝是一种极端的情绪防御形式。这类情绪一般很难纠正，因为在心理机能上，这类人是无法接受外界的帮助的。

压抑，压抑是一种积极的努力，自我通过这种努力，把那些威胁着自己的东西排除在意识之外，或使这些东西不能接近意识。和拒绝不同，压抑是一种强压，势必带来一些副作用。压抑在某种程度上是违背人本性的。当然，也许只有人这种最高级的动物才有能力去压抑。什么叫提高人的修养？提高修养在某种程度上就是进行自我压抑，不能干想干的事，不能说想说的话。修养的提高是付出了人性的代价。压抑是人在情绪管理中经常运用的。但过分压抑也是有害的，如果不能有效进行疏导的话会产生严重的后果。

替代，将冲动导入一个没有威胁性的目标物。在实际运用中，有一种表现形式就是迁怒。如果今天你被你老板骂了，如果你有下属，你很容易迁怒下属。如果你又没有下属可以迁怒，势必会将这种情绪带回家，妻子或丈夫将成为不幸的对象，妻子和丈夫可能又会把它传给孩子，孩子去学校，又会去招惹其他孩子，一顿打架后，老师又会叫你到学校，也许你还不明白由头。这的确就是一个迁怒的恶性循环。怎么找一个好的替代品也许是解决问题的关键，建立一种良性的替代形式既可以使情绪得到有效管理，又不伤及无辜。

升华，是唯一真正成功的情绪管理机制。升华是可怕的无意识冲动转化为社会接受行为的渠道。例如，如果你把攻击性的冲动直接指向你想攻击的人，那么你将陷入困境。但是，把这些冲动升华为，诸如拳击、足球比赛之类的活动，就可以被接受。在我们的社会里，攻击性的运动员被看成是英雄。拳击比赛之所以这么受欢迎，还在于他不仅仅让比赛选手的情绪得到了升华，同时让观众的攻击性情绪也得到了排解，看人打，似乎自己也打过了，气也出了。

相关影响：情绪如四季更替般自然地发生，一旦情绪产生波动时，个人会表现愉快、气愤、悲伤、焦虑或失望等各种不同的内在感受，假如负面情绪常出现而且持续不断，就会对个人产生负面的影响，如影响身心健康、人际关系或日常生活等。

每个人都有情绪，但人们大都对情绪缺乏必要的了解和关注。消极情绪若不适时疏导，轻则破坏情志，重则使人走向崩溃；而积极情绪则会激发人们工作的热情和潜力——各种情绪不同程度地影响着人们的工作和生活。只有了解了情绪，才能管理并控制情绪，才能发挥其积极作用。情绪管理要求我们要辨认情绪、分析情绪和管理情绪。工作并快乐着，这是情绪管理的目标。

生理健康

《礼记》上说"心宽体胖"，意思就是情绪畅快时，人会愈来愈健康。如果有人跟我们说"您最近怎么面黄肌瘦"，或许因为我们常常情绪低落，茶不思，饭不想，导致脸色愈来愈差，甚至身体健康也出现状况。这就是心理学上所说"心身症"，也就是心理上生病，如果过度焦虑、情绪不安或不快乐，会导致生理上的疾病。另外，据研究指出，一个人常常有负面或消极情绪产生时，如愤怒、紧张，人体内分泌亦会受影响，并导致内分泌不正常，从而产生生理疾病。由此可见，时常面带微笑，保持愉快心情，并以乐观态度面对人生，则有助于生理健康。

人际关系

人际关系取决于一个人情绪表达是否恰当。倘若常在他人面前任由负面情绪决堤，丝毫不加控制，乱发脾气，久而久之，别人会视我们为难以相处之人，甚至将我们列为拒绝往来者。反之，若常面带微笑、多赞美他人，以亲切态度与别人和谐相处，人际关系自然会逐渐改善。

自我情绪管理的方法
心理暗示法

从心理学角度讲，心理暗示法就是个人通过语言、形象、想象等方式，对自身施加影响的心理过程。这个概念最初由法国医师埃米尔·库埃于1920

年提出，他的名言是"我每天在各方面都变得越来越好"。自我暗示分消极自我暗示与积极自我暗示。积极自我暗示，在不知不觉之中对自己的意志、心理以至生理状态产生影响，积极的自我暗示令我们保持好的心情、乐观的情绪、自信心，从而调动人的内在因素，发挥主观能动性。心理学上所讲的"皮格马利翁效应"也称期望效应，就是积极的自我暗示。而消极的自我暗示会强化我们个性中的弱点，唤醒我们潜藏在心灵深处的自卑、怯懦、嫉妒等，从而影响情绪。

与此同时，我们可以利用语言的指导和暗示作用，来调适和放松心理的紧张状态，使不良情绪得到缓解。心理学的实验表明，当个人静坐时，默默地说"勃然大怒""暴跳如雷""气死我了"等语句时心跳会加剧，呼吸也会加快，仿佛真的发起怒来。相反，如果默念"喜笑颜开""兴高采烈""把人乐坏了"之类的语句，那么他的心里面也会产生一种乐滋滋的体验。由此可见，言语活动既能唤起人们愉快的体验，也能唤起人们不愉快的体验；既能引起某种情绪反应，也能抑制某种情绪反应。因此，当我们在生活中遇到情绪问题时，我们应当充分利用语言的作用，用内部语言或书面语言对自身进行暗示，缓解不良情绪，保持心理平衡。比如，默想或用笔在纸上写出下列词语："冷静""三思而后行""制怒""镇定"等。实践证明，这种暗示对人的不良情绪和行为有奇妙的影响和调控作用，既可以松弛过分紧张的情绪，又可用来激励自己。

注意力转移法

注意力转移法，就是把注意力从引起不良情绪反应的刺激情境，转移到其他事物上或从事其他活动的自我调节方法。当出现情绪不佳的情况时，要把注意力转移到使自己感兴趣的事上，如外出散步，看看电影、电视，读读书，打打球，下盘棋，找朋友聊天，换换环境，等等，有助于使情绪平静下来，在活动中寻找到新的快乐。这种方法，一方面中止了不良刺激源的作用，防止不良情绪的泛化、蔓延；另一方面，通过参与新的活动特别是自己感兴趣的活动而达到增进积极情绪体验的目的。

适度宣泄法

过分压抑只会使情绪困扰加重，而适度宣泄则可以把不良情绪释放出来，从而使紧张情绪得以缓解，让自己轻松。因此，遇到不良情绪时，最简单的办法就是宣泄。宣泄一般是在背地里，在知心朋友中进行的。采取的形式或是用过激的言辞抨击、谩骂、抱怨恼怒的对象；或是尽情地向至亲好友倾诉自己认为的不平和委屈，一旦发泄完毕，心情也就随之平静下来；或是通过体育运动、劳动等方式来尽情发泄；或是到空旷的山林原野，拟定一个假目标大声叫骂，发泄胸中怨气。必须指出，在采取宣泄法来调节自己的不良情绪时，必须增强自制力，不要随便发泄不满或者不愉快的情绪，要采取正确的方式，选择适当的场合和对象，以免引起意想不到的不良后果。

自我安慰法

当一个人遇到不幸或挫折时，为了避免精神上的痛苦或不安，可以找出一种合乎内心需要的理由来说明或辩解，如为失败找一个冠冕堂皇的理由，用以安慰自己，或寻找的理由强调自己所有的东西都是好的，以此冲淡内心的不安与痛苦。这种方法，对于帮助人们在大的挫折面前接受现实，保护自己，避免精神崩溃是很有益处的。因此，当人们遇到情绪问题时，经常用"胜败乃兵家常事""塞翁失马，焉知非福""坏事变好事"等话语来进行自我安慰，可以摆脱烦恼，缓解矛盾冲突、消除焦虑、抑郁和失望，达到自我激励，总结经验、吸取教训之目的，有助于保持安宁和稳定。

交往调节法

某些不良情绪常常是由人际关系矛盾和人际交往障碍引起的。因此，当我们遇到不顺心、不如意的事，有了烦恼时，能主动地找亲朋好友谈心，比一个人独处胡思乱想、自怨自艾要好得多。因此，在情绪不稳定的时候，找合适的人谈一谈，具有缓和、抚慰、稳定情绪的作用。另一方面，人际交往还有助于交流思想、沟通情感，增强自己战胜不良情绪的信心和勇气，能更理智地去对待不良情绪。

情绪升华法

升华是改变不为社会所接受的动机和欲望，而使之符合社会规范和时代要求，是对消极情绪的一种高水平的宣泄，是将消极情感引导到对人、对己、对社会都有利的方向，如一同学因失恋而痛苦万分，但他没有因此而消沉，而是把注意力转移到学习中，立志做生活的强者，证明自己的能力。

在上述方法都失效的情况下，仍不要灰心，在有条件的情况下，去找心理医生进行咨询、倾诉，在心理医生的指导、帮助下，克服不良情绪。

生涯人物

浦发银行青年岗位能手朱珠：做最飒的"金融健将"

浦发银行淮安分行一直流传着一个"金融健将"的传说。淮安网点的柜员们对此有说不完的话：连续七年5：00起床健身，进行长达2小时的有氧无氧交替运动，拥有令人艳羡的马甲线……更重要的是，她还身披数不清的行业荣誉：2011年淮安市文明规范服务明星、2017年浦发银行淮安分行先进个人、2021年度金牌消保与服务标兵……这名"金融健将"正是年仅34岁的浦发银行淮安分行营业部运营主管朱珠。

去年，朱珠获得了浦发银行"青年岗位能手"的称号，实际上，早在5年前她就获得过这一荣誉称号，再次获奖的她坦言"没有浦发，就没有今天的自己"。

以真心换真心的"情绪管理大师"

2015年，在某国行工作5年的朱珠因一次偶然的机会，被浦发银行服务理念"新思维，心服务"打动，转投至此，也是那一年，她开始了自己的早起健身之路。

"银行是个情绪集散地。"双鱼座的朱珠笑称自己天生共情力、观察力强，往往仅凭"客户一个眼神"，就能猜到客户的需求，但另一方面，客户有时的一些负面情绪也使她倍感压力，这时健身就成了最好的调剂——"甭管多大的烦心事儿，跑上 5 千米就舒坦了！"

状态好了，抗压能力强了，遇事也就不慌了。去年 4 月一名从山东赶来的客户因无法开卡，对朱珠所在网点进行了投诉。经过调查，朱珠了解到这名客户存在频繁开销卡，而被纳入行内异常开户名单的情况。听着电话那头客户情绪激动地控诉，朱珠努力安抚着对方的情绪，期间对方吐露自己是一名退伍军人，爱好收集军事题材的银行卡，此前浦发银行淮安分行与当地退役军人事务局联名推出了一款"强兵兴业卡"，获知这一消息后，他特地启程来到淮安，想收集这张联名卡。

朱珠立即捕捉到客户的这一诉求，同行内零售部的同事沟通协商，为对方争取到了一张特色卡样卡。当朱珠在电话里告知对方这个消息时，对方因激动声音都变哽咽了，一连冲她说了十多声"谢谢"，投诉也因此撤销。

一次次耐心地为顾客排忧解难，也让朱珠收获了"情绪管理大师"的称号。"站立迎客，微笑服务，礼貌用语，主动规范"是她一以贯之的服务态度，而"以真心换真心"则是她在挖掘和维系客户方面秉承的服务宗旨，在她看来，金融服务不应该是自说自话，而应当多站在客户的立场和需求推荐产品，真诚沟通。长期健身带来的情绪稳定、生活规律等"附加值"也让朱珠能够以饱满的热情积极投入工作。坚持与热爱让她先后获得了 2011 年淮安市文明规范服务明星、2014 年淮安市银行业文明规范服务明星大堂经理冠军等行内服务奖项。

练就葵花宝典的"双语业务达人"

然而，在成为一名"情绪管理大师"之前，刚入行的朱珠也一度有过手足无措的时刻：刚入行上柜不到一个月就被客户投诉，原因是她在帮客户打印流水时，没能分清"对账单打印"和"明细打印"的区别，盲选了不能显示具体时间点的对账单打印，招致客户质疑。

主管领导知道后，并未责备她，而是耐心告知了她二者的分别，带着她及时补救向客户道歉。有感于前辈的教导，也为了不再犯同类错误，朱珠事后拿来 A4 纸，将行内交易码全部抄录了下来，足足"抄了近 20 张"，而这也成了她的业务笔记——行内人称"葵花宝典"的前身。

如今 7 年过去了，朱珠已攒够合计 6 大册、1200 多页的"葵花宝典"，每当业务知识有更新时，她就用红笔在原来的笔记上标注下最新流程作为对照。在"葵花宝典"的帮助下，朱珠点钞、翻打传票、中英文录入等成绩一直名列淮安分行前茅。

除此之外，朱珠还利用业余时间自学了英语和手语，成为行内为数不多的"双语"达人。在大学期间，朱珠就有着不错的英语成绩，工作后她继续保持了观看英语原声电影的习惯。

而手语技能则是为了参加一次行内举行的技能大赛而学会的，那场比赛中她获得了手语比拼环节的全场最高分。

"双语"技能在朱珠后来的工作中起了不小的作用，帮助前来办理业务的刚果小伙解了燃眉之急，用手语为听障人士提供引导帮助，而对方无意间流露出的惊喜神情，也让她体会到了学习特殊技能对"维系边缘小众客群"的意义。

不仅如此，在淮安工作的 7 年中，朱珠还先后考取了银行保险销售人员资格、外汇非贸易结算岗位资格、国内信用证的资格等数十项资格证，她定期检验、提升自身的业务水平能力，现在是行内数一数二的业务标杆。

续写爱与责任的"扛事儿大主管"

2021 年 3 月，朱珠走过了 7 年的柜员生涯，晋升为浦发银行淮安分行运营主管。朱珠用"从点到面"来形容这一角色转变，称如今的自己越来越能扛事儿了。

而她深知，自己如今的成绩离不开领导和同事们的帮助。刚上任不久的她临时接到一项必须当天解决的商票保证还款业务，当时行内几乎无人处理过该类业务，正当她焦头烂额时，是各异地兄弟行的主管老师们伸出了援助之手，助她圆满解决了此事；2020 年疫情最为厉害的时候，也正是留守轮岗的同事们配合默契、互相加油打气，使自己度过了那段"进家门前先浑身消毒"的紧张日子。

而最令朱珠印象深刻的还是自己和队友们在浦发南京分行 25 周年赛龙舟夺魁这件事，当时的她和其他 12 名组员们顶住日常的工作压力，每天 6：00

赶到码头练习，每次练完浑身湿透，足足拼搏 2 个月，最终和队友们在狂风暴雨中划出了全行第一名的好成绩……这让她深感团队精神的可贵，明白"互助共赢"的真谛。

如今，她将这份爱与责任延续了下来：遇到业务流程不熟练的新人，她将自己的"葵花宝典"翻出来，一个步骤、一个步骤地教；遇到打字速度有待提升的伙伴，她耐心跟他们讲"哪几个指头管哪几个键盘"；逢上部门有人生日或取得荣誉了，她组织大家聚餐……在她的努力下，部门形成了融洽和谐、张弛有度的工作氛围，上任一年来，行内从未有过一项有效投诉。而她本人也在上任后先后获得了 2021 年度金牌消保与服务标兵、2021 年度南京分行运营坐销明星等奖项。

这位飒爽的"金融健将"用《荀子·修身》里的"道阻且长，行则将至，行而不辍，未来可期"来勉励自己，她期待能运用所学、所获为浦发这个温暖的大家庭贡献更多力量。

——选自荔枝新闻，有删改

第三节 人际沟通

命名说明："沟通"是本节课的核心词。在我们的生涯行动中，靠自己的不断努力自然是非常重要的，可是如果我们缺乏了外在的支持和帮助，特别是缺乏良好的人际关系，最终恐怕也难以实现自我发生涯发展。

约翰·多恩很深刻地认识到人作为一种社会动物，与他人相处的重要意义。既然与人相处如此重要，那么如何与他人建立良好的人际关系就显得极为重要了。好的人际关系需要有积极的沟通能力，"合意客来心不厌，知音人听话偏长"是令人惬意的身心交流，"恶语伤人六月寒"是缺乏善意和方法的粗暴。要建立良好的人际关系，应该首先学会与人顺畅地沟通，其次通过具体的沟通知识和技巧增进良好人际关系的形成。本活动通过活动引导学生认识人际关系和沟通的基本技巧，学习和掌握人际关系及沟通的技术和方法。以此，希望帮助学生能从中学习和感受到人际关系和良好沟通的重要价值和意义，同时学会积极地进行人际沟通，助力自我的生涯发展。

活动目标：

（1）引导学生积极参与探讨和交流，并能坦诚分享在活动中的各种体会。

（2）引导学生正确认识人际关系和沟通，并了解人际关系和沟通的积极作用。

（3）学习和掌握人际关系和沟通的方法和策略，进而提升自我的人际沟通能力。

活动地点：教室。

活动所需材料：A4纸（100张，每人2张）、水性笔1支/人。

课前分组：随机分组（8组为宜，5~6人/组）。

热身歌曲：《没有人是一座孤岛》。

引导歌曲：《初见（眷思量之烟霞海客）》。

提升歌曲：《送我上青云》。

一、热身活动

（播放《没有人是一座孤岛》）

导入语：诗人约翰·多恩说：没有人是一座孤岛 / 可以自全 / 每个人都是大陆的一片 / 整体的一部分 / 如果海水冲掉一块 / 欧洲就减小 / 如同一个海岬失掉一角 / 如同你的朋友或者你自己的领地失掉一块 / 任何人的死亡都是我的损失 / 因为我是人类的一员……是啊，在我们追求自己生涯梦想的过程中，常常会因得到他人及时而热情的帮助而心生感恩之情。当然，也可能有因为自己的一句不慎之言，而导致自己的生涯发展之旅受阻。

那么，如何积极地提升自我的人际关系和沟通能力，是本节课主要研究的内容。

下面，我们先做一个关于人际关系的小游戏，初步感受人际关系的重要意义。

（一）活动名称：脾气暴躁的大野

背景：大野是一家企业的负责人，他继承了公司创始人的理念和精神，将其生产方式渗透到公司的每一个角落，使得公司成为世界上成本最低、效率最高的汽车制造企业，还将公司推向了世界顶峰。对于公司来说，大野是创造者和执行者，他有着明确的目标和坚定的决心，在公司的领导中承担了"创造知识者"和"无情的变革者"的角色。

然而，大野身材魁梧高大，脾气暴躁，爱踢东西也爱踢人，甚至拿起手边的东西就摔向自己员工。他的坏脾气让他成为公司里最难相处的领导者。就连公司的另一位高级管理者张富士夫都说："他想推广的生产方式近似残酷，他的办事方法也闻所未闻，所以在初期没人愿意跟他合作。"

虽然大野靠着自己的能力将公司推向了世界，但是由于他的脾气暴躁，导致员工们怨声载道，并产生了强烈的抵触情绪，企业的发展也因此产生了失去重心和平衡的危险……

你作为公司的创始人，既不想失去这个人才，又想积极协调好公司的人际关系。你会怎么做？

（二）活动规则

1. 分组探讨

为了公司的长远发展，能不能赶走大野？说明理由。

为了公司的长远发展，有没有好方法协调大野与员工之间的关系？说明理由。

引导语：各位同学，从大家的分享中，我们不难发现：赶走能力超强的大野，会极大地影响公司的发展，还可能将能力超强的大野推到对手那里，这绝对不能接受；留下大野，并与之深度沟通，期待能促使其改变，假如他拒绝改变，公司就应该再专门配置一名高级管理者，来专门对员工的情绪进行疏导。事实上，公司也的确采用了第二种方式。

情景继续：这个公司就是日本的丰田公司。公司的继承人丰田英二主动承担了"持续影响者"的角色，他首先对大野的激进做法予以体谅和支持，同时他依靠自己的影响力让员工体谅和支持大野，调和员工和大野之间的矛盾。丰田英二既重用了大野这样的创造性人才，也化解了大野暴躁脾气所引发的各种矛盾，使得大野的想法得以顺利实施。二者互补的领导角色与风格使得丰田既做到了不断创新和改革，又在快速创新之中保持了稳定和平衡。可以说，大野与丰田英二的完美组合，是丰田 20 世纪 60 年代腾飞的有力保障。

2. 继续思考

假如你是大野，你会不会为了公司长远发展，而改变自己的性格来和员工友好相处？说明理由。

教师小结：通过以上的探讨，我们很容易发现人际关系的良好与否的确会对一个人或一个组织产生直接的影响。由此可知，人际关系对于个人的生涯发展非常重要。

【本环节设计目的】关于人际关系的认识，通过情景探讨，引导学生初步感受人际关系的重要意义，为下面环节的开展奠定基础。

二、良好的人际关系——共同成长的基础

导入语：在我们的生涯发展中，独自前行不仅可能带给我们心灵的孤独，而且会让我们在自我的生涯发展之旅中受阻。所以，更深入地认识人际关系的价值和意义，更积极地学习人际交往的知识和技巧，将会是助力我们生涯成长的重要资源。更重要的是，良好的人家关系不仅可以推进我们自己的生涯发展，而且还可以在互相促进中形成"1+1>2"的效果。

那么，积极的人际沟通怎样可以助力我的生涯发展呢？

下面，我们将通过一个关于人际关系的小故事，探寻建立良好人际关系的技巧和方法。

（一）活动名称：乔丹的眼泪

背景：当年在公牛队，乔丹是球队的灵魂人物。而作为公牛队最有希望超越乔丹的新秀——皮蓬，却时常流露出一种对乔丹不屑一顾的神情，并经常在不同场合表达乔丹某方面不如自己，自己一定会把乔丹推倒一类的话。

对此情景，乔丹应该怎么做？

（二）活动规则

1. 分组探讨

作为球队的灵魂人物，乔丹该怎样处理和皮蓬的人际关系？说明理由。

面对天赋和能力极强的皮蓬，乔丹该怎么做才能借此促进各人能力的提升？

2. 全班分享

引导语：各位同学，当我们将自己置于一个组织和团队领袖的立场上看问题时，积极主动地协调好团队内的人际关系是我们必备的能力之一。当然，在维护和提升团队凝聚力的同时，以外在挑战作为提升自身能力也是人际交往的重要价值。

情景继续：在皮蓬多次的出言不逊之后，乔丹并没有因为皮蓬可能是自己未来潜在的威胁而排挤他。反而，他对皮蓬处处加以鼓励。有一次，乔丹对皮蓬说："我俩的三分球谁投得好？"皮蓬有点心不在焉地回答："你明知故问什么，当然是你。"因为那时乔丹的三分球成功率是28.6%，而皮蓬的成功率

是 26.4%。不过，乔丹微笑着纠正他说："不，是你！因为你投三分球的动作规范、自然，很有天赋，以后一定会投得更好，而我投三分球还有很多问题。"并且，乔丹继续说："我扣篮多用右手，习惯地用左手帮一下，而你，左右手都行。"对于这一细节，连皮蓬自己都没有意识到。这次谈话，他深深地被乔丹所感动。

从那以后，皮蓬和乔丹成了最好的朋友。后来，皮蓬终于在一场比赛中独得 33 分，超过乔丹，而成为公牛队十七场比赛得分首次超过乔丹的球员。比赛结束后，乔丹与皮蓬紧紧拥抱着，两人泪光闪闪。乔丹这种无私的品质为公牛队注入了难以击破的凝聚力，从而使公牛队创造了一个又一个的奇迹。乔丹不仅以球艺，更以他那坦然无私的广阔胸襟赢得了所有人的拥护和尊重，包括他的对手。

教师小结：通过以上探讨，我们发现良好的人际关系不仅可以促进个人之间能力的提升，而且还可以为世人留下感动人心的启示性故事。由此，我们可以更加深刻地认识到人际关系对于个人生涯发展的重要意义。

【本环节设计目的】通过情景探讨，引导学生深入认识人际关系对于个人发展、团队进步的重要意义，为下面引出高效沟通环节奠定基础。

三、提升人际关系——高效沟通

导入语：赫兹里特说：谈话的艺术是听与被听的艺术。表达是有效沟通最基本的载体，俗话说"良言一句三冬暖，恶语伤人六月寒"。积极的表达不仅需要有积极的心理动因，也需要学习和提升相应的表达和沟通技巧。

为了更好地了解学生沟通的现状，我们先做一个小测试。

（一）活动内容

活动名称：沟通小调查。

（1）你平常和谁沟通最多？

（2）你和他 / 她沟通的主要内容是哪些方面的？

（3）你认为未来自己还需要和谁沟通？

（4）你和他 / 她沟通的主要内容又可能会是哪些方面的？

（5）测测自己人际沟通的满意度：如果满分为 10 分，你会为自己和不同的人沟通打几分？

	很不满意————————————很满意	得分
与爸爸沟通	0　1　3　5　7　9　10	
与妈妈沟通	0　1　3　5　7　9　10	
与好朋友沟通	0　1　3　5　7　9　10	
与同学沟通	0　1　3　5　7　9　10	
与老师沟通	0　1　3　5　7　9　10	

（二）活动规则

1. 分组探讨

你的最高分是与谁的沟通，为什么你们能沟通得这么好？试着分析其中原因。

你的最低分是与谁的沟通，你们难以沟通的原因是什么？试着分析其中原因。

2. 回顾自己的过往

你和他人沟通的满意度是否发生过变化，它是在什么背景下发生的？

3. 全班分享

（三）沟通风格

1. 无尾熊型（随和型）

行为特点："无尾熊型"人属于行事稳健，不会夸张强调平实的人。性情平和，不喜欢制造麻烦，不兴风作浪，温和善良。在别人眼中，常会被人误以为是懒散不积极，但其实只要他决心投入，绝对可以做得很好。对"无尾熊型"人要多给予关注和态度温柔，想方设法地挖掘他们内在的潜力。

个性特点：稳定，敦厚，温和规律，不好冲突，行事稳健，有过人的耐力，温和善良。

沟通应对策略：因为他们对其他人的感情很敏感，所以我们应该采取深度交流的方式，多谈主题问题，多提封闭问题。同时，还要注意，这类人因为他们不喜欢面对与他人意见不合的局面，因而很难坚持自己的观点和迅速作出决定，所以我们应该尽量明确提出自己的观点，以适度影响他们。

2. 孔雀型（表现型）

行为特点："孔雀型"人热情洋溢，好交朋友，口才流畅，重视形象，擅于建立人际关系，富有同情心，最适合人际导向的工作。缺点是容易过于乐观，往往无法估计细节，在执行力度上需要高专业的技术精英来配合。"孔雀型"人具有较强的表达能力，他的社交能力极强，有流畅无碍的口才和热情幽默的风度，在团体或社群中容易广结善缘、建立知名度。孔雀型领导人天生具备乐观与和善的性格，有真诚的同情心和感染他人的能力，在以团队合作为主的工作环境中，会有最好的表现。对"孔雀型"人要以鼓励为主，给他们表现的机会，使他们保持的工作激情，但也要注意他们的情绪化和防止细节失误。

个性特点：热心，乐观，口才流畅，好交朋友，风度翩翩，诚恳热心，热情洋溢，个性乐观，表现欲强。

沟通应对策略：此类型的人生性活泼。因此与他们沟通时，首先做一个好观众或好听众，少说多听，热情反馈，及时给予其肯定与支持，这样能够使其兴奋，更高效地开展学习和工作。同时，还应对其加以适度引导，防止被对方带偏节奏。如果强硬地将自己的观点强加给他，或插话打断，或冷漠以对，都会影响与这类人的有效沟通。

3. 老虎型（支配型）

行为特点："老虎型"人一般上进心强烈，喜欢冒险，个性积极，竞争力强，凡事喜欢掌控全局发号施令，不喜欢维持现状，行动力强，目标一经确立便会全力以赴。它的缺点是在决策上易专断，不易妥协，故较容易与人发生争执、摩擦。如果下属中有"老虎型"人要给予他更多的责任，他会觉得自己有价值，布置工作时注意结果导向，如果上司是老虎型则要在他面前展示自信、果断的一面，同时避免在公众场合与他唱反调。

个性特点：有自信，够权威，决断力高，竞争性强，胸怀大志，喜欢评估，上进心强烈，喜欢冒险，个性积极，竞争力强，有对抗性。

沟通应对策略：与这类人沟通，首先要了解其想法，为其提供多种备选方案。每当他觉得不合适时，可以提出新的点子或其他行动方案。若直接反驳或使用结论性的语言，这样的沟通注定是低效甚至无效的，因为这类人太重视迅速完成工作，容易忽视细节，他们可能不顾及自己和别人的感受。

4. 猫头鹰型（分析型）

行为特点："猫头鹰型"人传统而保守，分析力强，精确度高，是最佳的品质保证者，喜欢把细节条理化，个性拘谨含蓄，谨守分寸，忠于职责，但会让人觉得"吹毛求疵"。"猫头鹰型"人分析清晰，用道理说服别人很有一套，处事客观合理，只是有时会钻在牛角尖里不出来。

个性特点：传统，注重细节，条理分明，责任感强，重视纪律，保守，分析力强，精准度高，喜欢把细节条理化，个性拘谨含蓄。

沟通应对策略：与这种人沟通，必须以专业水准与之交流，因为他们天生就有爱找出事情真相的习性，并有耐心仔细考察所有细节。

（四）沟通效果检测

不同心理定位下沟通的效果。

心理定位	情感和言行	沟通效果
我好，你也好		沟通顺畅，会得到想要的结果
我好，你不好		对方很可能因为你的指责、逃避、欺骗或冲突，让你得不到想要的结果
我不好，你好		不面对问题，只是自责。这种"责任偏离"的做法也会让你得不到想要的结果
我不好，你也不好		否定别人，也否定自己，双输的方式更无法获得你想要的结果

教师小结：通过以上的交流和探讨，让我们对于沟通有了更清晰和深入的认识。原来将人的沟通风格进行分类之后，再进行有针对性的沟通，不仅可以提升沟通的效果，而且还有利于更好地推进自己生涯梦想的实现。

【本环节设计目的】通过对自我沟通的梳理和沟通风格的认识，引导学生深入了解沟通的科学方法，由此帮助其建立良好的人际关系，真正达到"授人以鱼不如授人以渔"的教育效果。

四、小结

良好的人际关系需要有效表达的沟通技巧，而有效的沟通技巧不仅需要有科学的方法，还需要有一颗成人成己的纯粹之心。当我们在自己的生涯目标实现的道路上，都能做到多说好话，都能明白"良言一句三冬暖"，从行为到内心少些甚至拒绝"恶语伤人六月寒"，那么就一定会建立更好的人际关系，就更可能获得更多人的支持和帮助，从而实现自己的人生大梦想。

生涯知识

人际关系

人际关系，指人们在人际交往过程中结成的心理关系，产生的心理距离。交往双方在个性、态度、情感等方面的融洽或不融洽、相互吸引或相互排斥，必然会导致双方人际关系亲密或疏远。人际关系包括三种成分：认识成分（指相互认识、相互了解）、动作成分（指交往动作）和情感成分（指积极情绪或消极情绪、爱或恨、满意或不满意）。其中情感成分是核心成分。人际关系反映了交往双方需要的满足程度。若交往双方能互相满足对方的需要，就容易结成亲密的人际关系；反之，则容易造成人际排斥。

特点：人际关系归根结底受客观社会关系的制约，反过来又深刻影响着社会关系各方相互作用的形式。人际关系的好坏反映了人们在相互交往中的心理满足状态，以及人与人之间心理上的距离。人们所结成的大部分社会关系，可以分成使人的物质、精神需要得到满足的酬赏性关系和破坏这种满足的处罚性关系。因满足与不满足程度的差异、人们愉快或不愉快的情绪体验可以形成一个连续分布的区间，影响着人际关系的亲疏情感。

良好的人际关系表现为热情、诚恳、理解、同情、大度、互助、信用和原则性与灵活性的结合。促进人际关系密、友好的因素是缩短空间的距离，提高交往的频率，增加相似的东西，实现需要的互补。阻碍人际关系的个性特征是不尊重、不关心他人，对人不诚恳、不同情，缺乏自尊心自信心、妒忌、猜疑、偏激、固执、报复、苛求、依赖他人等。

人际关系的变化、发展较快于双方之间需要的满足程度，如果互相间得到满足就容易发生密切关系；如果需要得不到满足，互相之间发生的矛盾又得不到妥善的解决，人际关系就会恶化。

成因：人际关系是社会关系的一个侧面，其外延很广，包括朋友关系、夫妻关系、亲子关系、同学关系、师生关系、同志关系等。它受生产关系的决定和政治关系的制约，是社会关系中较低级的关系；同时，它又渗透于社会关系的各个方面之中，是社会关系的"横断面"，因而又反过来影响社会关系。它对群体内聚力的大小、心理环境的好坏有直接的重要作用。

人际关系的形成包含着认知、情感和行为三种心理因素的作用。认知成分包括对他人和自我的认知，是人际知觉的结果。情感成分是指交往双方相互间在情绪上的好恶程度及对交往现状的满意程度，还包括情绪的敏感性及对他人、对自我成功感的评价态度等。行为成分主要包括活动的结果、活动和举止的风度、表情、手势以及言语，即所能测定与记载的一切量值。在这三个因素中，情感因素起着主导作用，制约着人际关系的亲密程度、深浅程度和稳定程度。可见，情感的相互依存关系是人际关系的特征。一般说来，在正式组织关系中，行为成分是调节人际关系的主导成分；在非正式组织关系中，情感成分承担着主要的调节功能。

倾向：社会心理学家舒兹认为每一个人都需要他人，因而均具有人际关系的需求。这些需求可以分为以下三类：

（1）希望与他人来往、结交、想跟他人建立并维持和谐关系的包容需求。

（2）在权力上与他人建立并维持良好关系的控制需求。

（3）有在爱情（广义）上希望与他人建立并维持良好关系的感情需求。

这样三种不同的需求类型又可分为主动型与被动型两种，从而产生了六种基本的人际关系倾向。

		e	w
		主动性	被动性
I	包容	主动与他人来往	期待他人接纳
C	支配	支配、控制他人	期待别人引导
A	感情	对他人表示亲密	期待别人对自己表示亲密

影响因素：和谐的人际关系，有利于满足人们心理和交往的需要，有利于发挥人们的积极性和创造性。影响人际关系密切程度的因素有以下几方面：

（1）距离远近。人与人之间在地理位置上越接近，越容易发生人际交互关系，相互建立紧密的联系。

（2）交往频率。相互交往、接触次数越多，越容易形成密切关系。

（3）观念的相似性。人与人之间有着共同理想、信念、价值观和人生观，对某些问题的看法、观点相同或相似，则比较容易形成密切关系。

（4）兴趣爱好的一致性。兴趣爱好相同的人在一起不仅有共同语言，而且谈话投机，彼此可以从对方身上得到教益和获得启发，因而容易形成密切的人际关系。

过程：人际关系的建立与发展过程，实际上是一个情感卷入和交往由浅入深的过程。在这个过程中，交往双方通过采用自我暴露的方式来增加相互间的接纳性和信任感。自我暴露水平越高，表明人际关系交往水平越深。

根据交往双方的情感卷入水平、自我暴露水平的不同，奥尔特曼认为良好的人际关系的建立和发展需要经历四个阶段，分别为定向阶段、情感探索阶段、感情交流阶段和稳定交往阶段四个阶段。

定向阶段：对交往对象的注意、选择和初步沟通等心理活动。

情感探索阶段：随着双方共同情感领域的发现，双方的沟通也越来越广泛，自我暴露的深度与广度也逐渐增加。人们的话题仍避免触及别人私密性的领域，自我暴露也不涉及自己基本的方面。

感情交流阶段：人际关系发展到这个阶段，双方关系的性质开始出现实质性变化，此时的人际关系安全的安全感已经确立，谈话也开始广泛，涉及的自我许多方面，有较深的情感卷入。

稳定交往阶段：人们心理上的相容性会进一步增加，自我暴露也更加广泛深刻，可以允许对方进入自己高度私密性的个人领域，分享自己的生活空间和财产。

原则：

（1）真诚原则。

在人际交往中真诚的品质尤为重要。1968年，心理学家安德森曾经对不同个性品质受人们喜爱的水平进行了研究，结果发现，受人们喜爱程度最高的六种个性品质依次是真诚、诚实、理解、忠诚、真实和可信，受人们喜爱水平最低或被拒绝水平最高的几个品质包括说谎、虚伪、不诚实、不真实等。很显然，受人们喜爱的个性品质与"真诚"的品质有关；而不受人们喜爱的个性品质则与"不真诚"有关。由此可以说，"真诚"是最受人欢迎的个性品质，而与其对立的"不真诚"，是最令人厌恶的个性特征。因此，一个人要想吸引别人，与别人保持良好的交往，真诚是必须有的品质和交往方式。真诚使人们对于与自己交往的人对自己的行为有明确的预见性，因而更容易建立安全感和信任感，而不真诚或欺骗使人感受到焦虑与不安。

（2）交互原则。

人际关系的基础是人与人之间的相互重视和相互支持。人际交往当中喜欢与厌恶、接近与疏远是相互的。在一般情况下，喜欢我们的人，我们也会去喜欢他们；愿意接近我们的人，我们也愿意接近他们。而对于疏远我们、厌恶我们的人，我们的反应也是相对应的，对他们也会疏远或厌恶。日常生活中我们可以经常看到，对于真心接纳、喜欢我们的人，我们也倾向于接纳、喜欢他们，愿意同他们交往并建立和维持关系。相反，对于表现出不喜欢、排斥我们的人，我们倾向于排斥、疏远对方，避免与其有进一步的交往。

（3）交换原则。

人际交往是一种社会交换过程。交换的基本原则是个体期待人际交往对自己是有价值的，在交往过程中得大于失或得等于失，至少是得别太少于失，故又称为"功利原则"。人际关系的发展取决于双方根据自己的价值观进行的选择。

（4）自我价值保护原则。

自我价值是个体对自身价值的意识与评价。自我价值保护是一种自我支持倾向的心理活动，其目的是防止自我价值受到贬低和否定。由于自我价值是通过他人的评价而确立的，个体对他人评价极其敏感。在每个人的潜意识里或内心深处，都渴望得到别人真诚的赞美和肯定。对肯定自我价值的他人，个体对其认同和接纳，并反过来给予肯定与支持；而对否定自我价值的他人则给予疏离，与这种人交往时可能激发个体的自我价值保护动机。

（5）平等原则。

交往双方的社会角色和地位、影响力、对信息的掌握等方面往往是不对等的，这会影响双方形成实质性的情感联系。但如果平等待人，让对方感到安全、放松与尊重，我们也能和那些与自己在社会地位等方面相差较大的人建立良好的人际关系。

（6）情境控制原则。

人对于新情境，总有一个适应的过程。适应本身就是一个逐渐对情境实现自我控制的过程。情境包括交往的内容、方式、心理控制等方面。情境不明确，或达不到对情境的把握，会引起机体的强烈焦虑，并处于高度紧张的自我防卫状态，使人们倾向于逃避。比如，大学新生由于对周围环境缺乏了解，会在相当长的时间内处于高度紧张的自我防卫状态。在人际交往中，人们对情境的控制程度将决定交往在什么气氛中进行。所以，在人际交往中，双方必须都能控制交往情境。在人际交往中无视他人的意愿、需要和心理感受，会使交往产生障碍。

生涯人物

徐悲鸿平生遇"黄"，逢凶化吉。困顿时幸遇贵人，成名后是他人贵人。

徐悲鸿一生充满传奇色彩，他惊世的才华和神秘的情史足以让世人津津乐道，而他与朋友间的故事也十分令人动容。

（一）珍贵的肖像画，饱含徐悲鸿深情

有一个人，多次出现在徐悲鸿的画作中，那就是黄震之。

徐悲鸿用不同的创作手法多次描绘黄震之的肖像，如他在早期的一幅粉彩画、1926年的一幅油画、1932年的一幅国画等作品中，主角都是黄震之。

徐悲鸿画人像的技巧是十分娴熟与高超的，这几幅画将黄震之从壮年到暮年的状态和气质都表现得淋漓尽致。

尤其是1932年的那幅国画，徐悲鸿用西式写实画与中国写意画相结合的风格，将黄震之的相貌刻画得惟妙惟肖，又同时将他的风骨体现得恰到好处。可谓是人物肖像画中的精品。

从这几幅画中，我们可以读取到的是，徐悲鸿对这位黄震之先生充满了敬意和爱戴。这些足以体现黄震之大半生的画作，究竟给我们讲述了一个怎样的故事呢？

（二）帮助徐悲鸿摆脱困境的"贵人"

徐悲鸿出身贫寒，十九岁，在父亲离世后，他独自到上海谋生。

徐悲鸿在上海举目无亲，四下找工作却处处碰壁。眼看身上盘缠用尽，基本的生活需要都难以为继了。

朋友介绍徐悲鸿到商务印书馆的《小说月报》去应聘做插画师，主编虽然觉得他画得不错，但插画师的位置早已被其他人挤占，因此徐悲鸿失去了最后一个机会。

此时的徐悲鸿走投无路，身上最后一件像样的衣服都已经当掉了，还有一堆债务无力偿还，加上挫折的屈辱，悲愤交加之下，徐悲鸿便有了轻生的念头。

就在这关键的时刻，商务印书馆的小职员黄警顽发现了徐悲鸿的异常，正当徐悲鸿欲从黄浦江边的新兴码头往下跳时，黄警顽一把把徐悲鸿拉了回来。

于是，黄警顽成了徐悲鸿的第一个贵人。在黄警顽的帮助下，徐悲鸿暂时解决了生存问题，黄警顽还积极帮徐悲鸿介绍工作。

作为精武会会员，黄警顽推荐徐悲鸿给精武会画了一套体育挂图《潭腿图说》，从而获得了人生中第一笔丰厚的收入。

渐渐地，徐悲鸿高超的绘画天赋引起了人们的注意。一个叫黄震之的商人十分欣赏徐悲鸿的画，更加欣赏他的才华和人品。于是，黄震之不仅给徐悲鸿提供住处和救济，还慷慨解囊买下来徐悲鸿的许多作品，并资助徐悲鸿到复旦大学进修。

得到黄震之的资助，徐悲鸿不仅解决了生活困难问题，还获得了进一步提升自身文化素质、夯实画技、充实艺术理论的机会。这让原本在绘画上就天赋异禀的徐悲鸿，更是如鱼得水，他的艺术才华也获得了更多人的关注。

对此，徐悲鸿一辈子都对这两位姓"黄"的恩人心存感激，曾一度将自己的名字改为"黄扶"，表示自己是在姓"黄"的人扶持下才走出困境，走向成功的。

（三）帮助徐悲鸿走向成功的"贵人"

黄警顽、黄震之帮助徐悲鸿走出困境，另外一个人却帮助徐悲鸿走向成功，这个人就是——康有为。

当时，上海哈同花园附属的仓圣明智大学公开征集仓颉像的设计，徐悲鸿的投稿一鸣惊人，被大学选中。同时，仓圣明智大学邀请徐悲鸿担任美术教授。

在仓圣明智大学任教期间，徐悲鸿有幸认识了康有为。康有为在国学、书法、绘画、金石等方面都有很高的造诣，他与徐悲鸿一见如故，并十分怜惜徐悲鸿的才华，于是破格将徐悲鸿收作自己的关门弟子，将自己的绝学倾囊相授。

康有为对中国传统绘画技艺有极深的研究，他极力主张将西方绘画技艺引入国画中：如仍守旧不变，则中国画学应遂灭绝。国人岂无英绝之士应运而兴，合中西而为画学新纪元者。

同时，康有为将他关于绘画的理论提升到了"救国"的高度：若画不精，则工品拙劣，难于销流，而理财无从始也。文明之具，亦立国所同竞，而不可以质野立于新世互争之时者也。故画学不可不至精也。

在康有为的教导下，徐悲鸿绘画的理念和思路大开。另外，康有为还全力帮助徐悲鸿争取到了官费去法国留学的机会，使得徐悲鸿可以全面地接受西方绘画艺术的熏陶，为后来成为具有国际影响力的绘画大师奠定了坚实的基础。

然而，好事多磨。

在徐悲鸿法国留学期间，适逢国内政局纷乱，原本赖以生存的官费停发，徐悲鸿一下子失去了主要经济来源，生活变得十分拮据。

在这窘迫的时候，徐悲鸿又结识了一位姓"黄"的"贵人"——黄孟圭。

黄孟圭所在的"黄氏"家族也算是福州的名门望族，通达官商两道，海内外都有企业。

黄孟圭与其二弟黄曼士给予了徐悲鸿大力支持，帮助徐悲鸿渡过了难关，最终得以顺利完成了在欧洲的游学，回到了祖国。

一生中数个"贵人"都是姓黄，这不得不说是个奇迹。对此，徐悲鸿自己万分感叹地说："平生遇黄，逢凶化吉。"

（四）成名后的徐悲鸿成为别人的"贵人"

回国后的徐悲鸿凭借他绝世的才华开始在美术界大放异彩，很快就被"中央大学"聘为艺术系教授。

获得成功后的徐悲鸿深知，许多人才由于没有遇到"贵人"而失去了大展宏图的机会，于是他在尽心工作的同时，还致力于对人才的发掘和培养。

为此，徐悲鸿专门创作了一幅国画《九方皋》，他借九方皋相马的典故，来表明自己要致力于发掘人才的志愿。

果然，在之后的岁月里，徐悲鸿用他的"九方皋"般的慧眼发现了不少"千里马"，成为不少人的"贵人"。

著名画家杨建侯，年轻时候是个落魄青年，空有一腔对绘画的热情，在朋友的介绍下来到"中央大学"徐悲鸿的课堂上做旁听生。

徐悲鸿看到他，就想到了年轻时的自己。徐悲鸿一直鼓励并帮助杨建侯，让他最终以优异的成绩考上了中央大学艺术系。后来，杨建侯成为徐悲鸿的关门弟子，最终也成为一代绘画大师，与关山月、于希宁等大师齐名。

著名画家吴作人，也是徐悲鸿的学生，还在徐悲鸿的资助下出国留学，最终成为中国美术界的领军人物。

鼎鼎大名的齐白石当时还在以卖画为生，徐悲鸿见到他的作品，深感人才被埋没，于是再三登门拜访，并邀请齐白石出任北平艺术学院的教授，使得齐白石的画终于走进了大众的视野，成为绘画界的泰斗。

　　傅抱石也是在徐悲鸿的发掘和资助下，得以到日本留学，回国后，徐悲鸿又推荐他到中央大学艺术学院任教。傅抱石后来也成为一代大师。

　　除此之外，接受过徐悲鸿推荐和帮助的绘画大师还有张大千、潘玉良、蒋兆和等。

　　徐悲鸿实实在在成为他人人生中的"贵人"。

（五）徐悲鸿知恩图报

　　对于帮助自己走出困境的恩人黄警顽和黄震之，徐悲鸿一辈子都没有忘记，并用自己的实际行动回报他们当年的恩情。

　　黄震之后来经营不善生意破产了，徐悲鸿便倾其所能地帮助他，还给黄震之画了不少肖像，塑了雕像。让这个曾经默默无闻的失意商人成为美术界里的"名人"。

　　徐悲鸿送给黄震之六十岁的寿礼《黄震之像》上的题词是这样的：

　　震之黄先生六十岁影，悲鸿写并录旧诗。饥溺天下若由己，先生岂不慈。衡量人心若持鉴，先生岂不智。少年裘马老颓唐，施恩莫忆愁早忘。赢得身心康泰，矍铄精神日益强。我奉先生居后辈，谈笑竟日无倦意，为人忠谋古所稀。又视人生等游戏，纷纷末世欲何为？先生之风足追企，敬貌先生慈祥容，叹息此时天下事。

　　可见，在徐悲鸿心中，黄震之的形象永远都是高大而闪耀的。

　　黄警顽后来的生活也不如意，徐悲鸿便把他接到了自己工作的北平艺术专科学校，让黄警顽当上了学校管理学生助学金的出纳员，除了日常的关照，逢年过节还必定请黄警顽到家里同度。

　　爱人者，人恒爱之；敬人者，人恒敬之。从这些小故事里，让我们看到了一个德艺双馨的徐悲鸿，他的画里渗透的不仅仅是技艺，更是情操。

◎本章小结

　　山不辞土，故能成其高；海不辞水，故能成其深。在自我的生涯发展中，远大的生涯目标给予我们直面困难和挑战的勇气，更加可以激发我们内在的潜力。不过，目标的实现终归是要靠我们在自己的生涯发展中一步一个脚印坚实地走出来。对于任何人而言，实现生涯梦想的道路一定会遇到挫折和挑战，我们唯有积极直面挫折，合理地管理情绪，并以科学合理的方法汲取挫折中积极的价值和经验，会给我们的人生发展带来更多的动力。当然，我们的生涯成长和发展不止需要我们练好内功，提升自己的"内力"，还需要与他人通过积极的沟通，建立良好的人际关系，这样我们就可以以自身的"内力"为基，以他人的助力为翼，翱翔于自己所追求的生涯发展中。

好风凭借力，送我上青云。在迈向自己生涯成功的道路上，透彻看自我，明眼观环境，敢做敢当，美梦必实现。

后
记

　　本书从构思到最终完稿，历时三年。因为这是我个人的第一本专著，所以它对我的人生经历和专业成长来说都具有极为重要的开创意义。

　　最初，想完成这本书是在2020年1月23日。那个时候正值新冠肺炎疫情刚刚在国内暴发，不过，就在疫情发生不久之后，党和政府便在全国范围内高效动员了各方力量，以举国之力，抗击疫情。那时的我，虽然身在广东，但为了最大限度地遵守疫情防控政策，我们响应政府号召开启了长达三个月的居家授课。

　　在居家授课中，虽有忙乱和不适应，但它却给了我更多思考和阅读的时间。这使得长久以来在我脑海中曾经浮现的一些想法，也随着思考和阅读的深入而逐渐变得清晰。其中，如何更好地帮助学生进行自我的生涯规划，成为我当时特别关注的一个方面。为了更好地弥补自己在生涯规划方面的知识不足和能力缺陷，我首先报读了深圳前海生涯的国际生涯规划师课程。因为疫情的原因，其间的学习全部是在线上进行。

　　在整个学习过程中，我都保持了极高的热情和专注度，认真听老师讲课，积极完成老师布置的各项纸笔作业和线上实训作业。经过努力的学习，我获得了那一期生涯规划师学习班各项考评总分第一和小组第一的佳绩。这次系统的学习和培训，进一步坚定了我将自己多年班主任的专业研究和生涯规划实施经验结合出一本专著的念头。

　　在完成这本书的过程中，我不但积极购置关于生涯规划的书籍，通过知网积极学习和查询关于生涯规划和班级活动融合的相关论文，而且通过自己的顺德区"十三五"规划课题"基于OCEAN理论班级活动设计校本课程建设的行动研究"

的研究，结合自己班级活动设计的实践，逐步形成本书的整体框架，以及主要内容。

成书过程中，在遇到一些写作难题时，一时头脑好像倒空了一样，抓耳挠腮，绞尽脑汁，却依然毫无头绪，以至于脑海中多次闪过放弃的念头。不过，心中始终有一股力量支持着我在困境中坚持，那是一种不甘和倔强。

《尚书》曰："非知之艰，行之惟艰。"孔子云："言知之易，行之难。"回顾这三年的成书历程，让我愈加认识到要把自己的"想法"变成现实有多难。当然，扪心而问，之所以"行难"，归根到底还是因为自己的"知不深"啊！但我相信，随着我的不懈努力，我的研究也会越来越深入，也会为更多人带去启示和帮助。

费贞元

2022年11月7日22：48于家